पानी के निशान

पानी के निशान

डॉ. विक्रम सिंह

वाणी प्रकाशन

वाणी प्रकाशन का 'लोगो'
विख्यात चित्रकार मक़बूल फ़िदा हुसेन की
कूची से

ISBN : 81-8143-303-3

वाणी प्रकाशन
21-ए, दरियागंज, नयी दिल्ली-110002
द्वारा प्रकाशित

फोन : 0091#11#23273167, 23275710
फैक्स : 0091#11#23275710
ई-मेल : vaniprakashan@gmail.com
vani_prakasha n@yahoo.com
वेबसाइट : www.vaniprakashan.com

संस्करण : 2005
आवृत्ति : 2009
मूल्य : 150.00

आर टेक ऑफसेट, प्रिंटर्स, दिलशाद गार्डन, दिल्ली-95
आवरण : वाणी प्रकाशन
द्वारा मुद्रित

PANI KE NISHAN
by : Vikram Singh

समर्पित

घायल को बचाने की बजाय बचकर निकल जाने की प्रवृत्ति ने जीवन के प्रति न सिर्फ निराश किया बल्कि मानवता के ग्राफ को भी नीचे गिराया है लेकिन अपनी कार से टकराए गम्भीर रूप से घायल गजेन्द्र को समय से अस्पताल पहुँचाकर उसकी जान बचाकर जीवन के प्रति आशान्वित कर मानवता के ग्राफ को ऊपर उठाने के लिए श्री पुनीत बग्गा को।

प्रस्तुति

संवेदना शून्य हो चले व्यक्ति में संवेदनात्मक जल की एक-एक बूँद के सरक्षण की आवश्यकता महसूस करते हुए मैंने मानवीय मूल्यों के लिये संघर्षरत पात्रों को अपने प्रथम कहानी संग्रह 'पानी के निशान' में इस आशा के साथ प्रस्तुत किया है कि वे संवेदना शून्य लोगों के लिये प्रेरणा स्त्रोत बन सकें।

— **विक्रम सिंह**

कथानक के पहले

अनुभव और संवेदनाओं को अपनी उत्तराधिकारी पीढ़ियों के साथ बाँटने के लिए कहानी की परम्परा ने नित नए एवं शिक्षाप्रद कथानक प्रस्तुत किये, परन्तु लिपि के विकास तक ये प्रक्रिया मौखिक ही चलती रही। दादा-दादी और नाना-नानी के माध्यम से मनुष्य की चेतना में सबसे पहले आने वाली साहित्यिक विधा कहानी बनी। इस माध्यम से एक पीढ़ी अपने विचार, अनुभव और विश्वास दूसरी पीढ़ी को हस्तांतरित करने में सक्षम हो गयी। लिपि का ज्ञान होने पर कण्ठस्थ करने का भी झंझट खत्म हो गया। मूवी कैमरा के आविष्कार ने कहानी को और भी रोचक एवं गतिशील बना दिया। चित्रापट और दूरदर्शन ने कहानी को और भी महत्त्वपूर्ण बना दिया। फिल्म हो या धारावाहिक सब किसी न किसी कहानी पर ही आधारित होते हैं।

ऐतिहासिक दृष्टि से देखें तो अनवरत संचालित साहित्यिक परम्परा कहानी है। हिन्दी में भी इसीलिए कहानी को प्रमुखता मिली। हिन्दी के प्रारम्भिक साहित्य में कथा को प्रधानता मिली। कथा प्राधान्य के कारण ही कविता में भी कहानी ही कही जाती थी। प्राचीन ग्रन्थ काव्य होते हुए भी कथा प्रधान प्रबन्ध काव्य हैं। हिन्दी साहित्य के भी प्रारम्भिक चार ग्रन्थ इंशा अल्ला खाँ कृत 'रानी केतकी की कहानी', सदल मिश्र कृत 'नासिकेतोपाख्यान', सदासुख लाल कृत 'सुख सागर' एवं लल्लू लाल कृत 'प्रेम सागर' कथा प्रधान ही हैं।

विभिन्न जीवनानुभवों को अपने कलेवर में सँजोने के कारण कहानी का जीवन की वास्तविकता से गहरा नाता होता है। वे कहानियाँ जो मानव जीवन के बाहर की दुनिया (भूत-प्रेत, परियों आदि) पर आधारित थीं वे अधिक दिनों तक टिक नहीं पायीं। प्रेमचन्द ने कहानी के इस परिवेश को बदलकर व्यक्ति के रोजमर्रा की जिन्दगी को विषय-वस्तु बनाकर उसकी अच्छाइयों-बुराइयों के साथ प्रस्तुत किया।

धीरे-धीरे कहानी के केन्द्र में आम आदमी आ गया और इस तरह कहानी इंसान के और भी करीब आ गयी। आज वह क्या घटना घटी तक सीमित नहीं रही बल्कि घटना के विषय में पात्र क्या सोच रहे हैं, को भी चित्रित करने लगी; यानी उसके अन्दर के मनोविज्ञान तक चली गयी। इस प्रकार कहानी का यथार्थवादी चरित्र उभरकर सामने आया।

जीवन के इर्द-गिर्द घटने वाली घटनाओं को देश, काल और परिस्थिति के अनुरूप अर्थ प्रदान करने का कार्य भी आखिर कहानी ही करने लगी। कल्पना मिश्रित यथार्थ पर आधारित कथानक बदलते समय में अपरिवर्तित सिद्धान्तों के समक्ष प्रश्नचिह्न लगा देता है और फिर अपने काल की चेतना से समाधान माँगने लगता है। काल चेतना कहानियों के माध्यम से समाधान प्रस्तुत करने लगती है और इससे चिन्तन की धारा को गति मिल जाती है पीढ़ियों के अन्तराल के बावजूद भी उनमें दरार नहीं पड़ने पाती।

अतीत के माध्यम से भविष्य को परिभाषित करने का दायित्व निभाकर कहानी अपनी उपयोगिता सिद्ध कर देती है। इसी उपयोगिता के कारण वैज्ञानिक युग में जहाँ अन्य विधाएँ किताबों में कैद बनी रहीं वहाँ कहानी किताबों से निकलकर रेडियो और टी. वी. पर छा गयी। आज का सबसे प्रभावशाली माध्यम इलैक्ट्रानिक मीडिया पाकर कहानी उत्कृष्टता की ओर बढ़ गयी है। इसकी माँग ने नए-नए प्रयोगों को बढ़ावा दिया है। नित नए प्रयोगों से जहाँ एक ओर कहानी का रूप मंझा है वहीं दूसरी ओर नए-नए प्रयोगों ने इसके विस्तार की दिशाएँ भी खोली हैं।

अनन्त जीवन की अन्तन कहानियाँ भी स्वाभाविक ही हैं, ज्यों-ज्यों सामाजिक परिवर्तन होते हैं त्यों-त्यों लोगों की अपेक्षाएँ बढ़ती हैं, नई-नई चुनौतियाँ सामने आती हैं और नए-नए प्रश्न खड़े करती हैं। कहानी इन अपेक्षाओं, चुनौतियों, प्रश्नों एवं समाधानों को प्रस्तुत कर जीवन्त विधा बन जाती है। जीवन का प्रतिबिम्ब बनकर और कभी मार्ग दर्शक बनकर कहानी आगे बढ़ने लगती है लोग अपने-अपने जीवनानुभवों को इसकी अनन्त धारा में जोड़ते रहते हैं और इसी तरह कहानी का क्रम चलता रहता है।

कहानी का उद्देश्य उन मानवीय मूल्यों को उभारकर प्रदर्शित करना है जो कमोबेश हर इंसान के अन्दर विद्यमान होते है परन्तु उनका प्रदर्शन हर कोई नहीं कर पाता। मानव जीवन के लिए नितान्त आवश्यक उन मूल्यों के लिए भारी कीमत चुकानी पड़ती है। उन मानवीय मूल्यों की सुरक्षा के लिए जिस साहस, त्याग और धैर्य की आवश्यकता होती है वह बिरले लोग ही प्रदर्शित कर पाते हैं; इसलिए वह नायक बन जाते हैं। उनके आदर्शों के प्रतिमान समाज को दिशा देने में सहायक होते हैं। अपनी जान जोखिम में डालकर दूसरों की मदद करना एक महान आदर्श है, इसलिए

जो इस आदर्श के लिए कुर्बान हो जाता है वह बाकी लोगों के लिए प्रेरणा बन जाता है। मानवीय मूल्यों में ह्रस की ओर उन्मुख समाज के लिए तो ऐसी घटनाएँ और भी महत्त्वपूर्ण होती हैं। कहानी इन घटनाओं एवं व्यक्तियों को अपना विषय बनाकर दिग्भ्रमित समाज को दिशा देती है।

मानवीय मूल्यों की रक्षा के लिए खतरों की परवाह किये बगैर किया जाने वाला कार्य मानवता के ग्राफ को ऊपर उठाने के साथ-साथ अनुकरणीय एवं प्रेरणादायक भी है। इन्हीं मानव मूल्यों के प्रति जागरूकता उत्पन्न करने के लिए हर पीढ़ी अपने काल की साहित्यिक विधाओं द्वारा मानवीय संवेदनाओं के तार हिलाकर उन्हें निष्क्रिय नहीं होने देती। वस्तुतः मानवीय संवेदनाओं द्वारा संरक्षित नैतिकता का पानी उसकी पहचान और अस्तित्व को सुरक्षित रखने में सहायक होता है तभी तो रहीम ने लिखा था "पानी गए न ऊबरे मोती मानुष चून" परन्तु वर्तमान परिस्थितियों को देखते हुए इंसान के अन्दर मानवता के पानी के सूखने की प्रबल संभावनाएँ हैं। इसीलिए संवेदनात्मक जल की एक-एक बूँद के संरक्षण की आवश्यकता है।

इसी दृष्टि से किसी इंसान में मुझे जब कहीं संवेदनात्मक जल की एक बूँद भी दिखाई दी तो मैंने उसे पात्र के रूप में अपनी कहानियों में प्रस्तुत किया है। शायद ये पात्र आपके अन्दर के पानी को भी सूखने नहीं देंगे। इसी आशा के साथ प्रस्तुत है मेरा ये कहानी संग्रह 'पानी के निशान'।

— विक्रम सिंह

पुरावाक्

हिन्दी कहानी के नये हस्ताक्षर विक्रम सिंह की कहानियाँ सीधे-सीधे जिन्दगी से जुड़े ऐसे प्रसंगों की कहानियाँ हैं जिनसे हम सबका परिचय है। इन कहानियों की विशेषताओं को आज की साहित्यिक कहानियों की तुलना के संदर्भ में परखना इसलिए उचित नहीं होगा कि इनका लक्ष्य भाषा और शिल्प या वस्तु रूप के शिखरों के मुकाबले कोई नया शिखर कायम करना नहीं बल्कि बहुत सहमे हुए ढंग से जीवन की कहानियों के बीच छिपे हुए उन मानवीय पहलुओं की पड़ताल व उनको पहचाना है जो हमारे सामाजिक जीवन से विलुप्त हो गये हैं। मुझे महसूस होता है कि यह खोज शिल्प या भाषिक संरचना के काँच के दुर्ग निर्मित करने से ज्यादा जरूरी है। अन्ततः कथा का लक्ष्य क्या है? कथा किसी न किसी रूप में बची हुई मनुष्यता का परिदर्शन कराती है। वह अपने भदेस में भी यही कामना लिए चलती है कि किसी तरह मनुष्यता का वह सुन्दर रूप प्रक्षेपित कर सके। अतः विक्रम सिंह की कहानियों को कथा धाराओं के संदर्भ में देखना या उसी दृष्टि से उसका मूल्यांकन करना एक सहज सृजन के साथ न्याय करना नहीं है। वे बचे खुचे मानवीय मूल्यों के छोटे-छोटे चकमक पत्थरों को जोड़ने वाले ऐसे कथाकार हैं जिनकी कथा कहने की वृत्ति न किस्सागो रचनाकारों की तरह है और न ही प्रयोगशील कथाकारों की तरह है।

उनकी भाषा को लेकर बहस की जा सकती है, परन्तु यह भाषा भी वही है जो हमारे नगर, समाज में या जैसा भी समाज हम बना पा रहे हैं – तमाम उन छिपे अदृश्य दबावों के अन्तर्गत–जैसी भाषा प्रयोग में है, चाहे वह हिन्दी, अंग्रेजी हो या कुछ वैसी ही दीगर जुबानों के मिश्रण का प्रतिफल हो – उसी का प्रयोग स्थितियों, घटनाओं और समय की सच्चाइयों के लिए विक्रम सिंह कर रहे हैं और जाहिर तौर पर किसी कृत्रिम भाषा से यह बेहतर है।

अपनी अगली कहानियों में निःसन्देह वे अलग ढंग से सामने आयेंगे। कम से कम मानवीय संवेदनाओं की जिम्मेदारी भरी कामना की ये कहानियाँ ऐसा ही कहती हैं।

गंगा प्रसाद विमल

भारतीय भाषा केन्द्र
जवाहर लाल नेहरू विश्वविद्यालय
नयी दिल्ली

अनुक्रमणिका

प्रत्यारोपण

विभव ऑफिस में बैठा जरूर था लेकिन उसका व्यवहार रोज की तरह सामान्य नहीं था। मेज पर रखे विजिटिंग कार्ड एलबम से करोड़ीमल के कार्ड को ढूँढ़ते हुए भी विभव अपने मकान के लिए तैयार किये मॉडल को फटी-फटी आँखों से बार-बार देख रहा था। छोटे भाई वैभव की छटपटाहट उसके क़ानों में गूँज रही थी। पिता और माँ की मौत के दृश्य बार-बार उसके सामने आकर वैभव को पाल-पोसकर बड़ा करने और पढ़ा लिखा कर इंजीनियर बनाने की याद दिला रहे थे। माँ-बाप द्वारा सौंपी गयी जिम्मेदारी और अपने सपनों का घर बनाने की लालसा से उत्पन्न द्वन्द्व ने भी उसका मन मलिन नहीं होने दिया। भाई के जीवन और माँ-बाप को दिये वचन के प्रति उसकी कटिबद्धता ने उसके द्वन्द्व को समाप्त कर दिया। एक हाथ में विजिटिंग कार्ड लिए वह फोन घुमा रहा था; बायें हाथ की हथेली पर माथा रखे वह करोड़ीमल से कहने लगा- सेठ जी! आपकी च्वॉइस का मॉडल आपको मुबारक।

गहरी सांस लेते हुए उसने कहा, "सेठ जी, 'मैन प्रपोजिज गॉड डिस्पोजिज।' दरअसल मैंने मॉडल तो अपने लिए ही बनाया था लेकिन मेरे छोटे भाई की किडनियाँ फेल हो गयी हैं, वह अस्पताल में है। डॉक्टरों ने किडनी ट्रांसप्लांट करने के लिए कहा है। आप जानते ही हैं कि किडनी ट्रांसप्लांट में बहुत खर्च आता है, इसलिए मैं न सिर्फ आपको अपना मॉडल बेचना चाहता हूँ बल्कि कुछ एडवांस भी लेना चाहता हूँ। यदि आप सहमत हों तो आपकी पद्म कंस्ट्रक्शन कम्पनी को मैं और भी मॉडल बनाकर देता रहूँगा। आपका एडवांस भी मैं चुकाता रहूँगा। मेरे पास और भी मॉडल हैं जिन्हें आप चाहें तो देख लें।"

फोन रखते ही घण्टी बजने लगी। नर्सिंग होम से विभव के सेवक का फोन था। वैभव की बिगड़ती हालत के बारे में उसने विभव को बताया। विभव आनन-फानन में नर्सिंग होम पहुँचा। अटैण्डिंग डॉक्टर को देखकर कहने लगा, "मेरे भाई को बचा

लीजिए। बचा लीजिए सर। कुछ भी करिए मेरे भाई को बचा लीजिए।" मैं उसे इंजीनियर बनाना चाहता हूँ। उसे इंजीनियर बनाने की जिम्मेदारी मुझे पिताजी ने दी थी। पाल पोसकर बड़ा करने की जिम्मेदारी पिताजी से भी पहले मुझे माँ ने दी थी। वह अब बड़ा हो गया है। पढ़ने में बहुत होशियार है मेरा भाई। उसे बचा लीजिए डॉक्टर साहब, उसे बचा लीजिए, कहते-कहते विभव का गला रुँध गया।

"हिम्मत से काम लो, विपत्ति में धैर्य जरूरी है।" डॉक्टर ने ढाढ़स बँधाते हुए कहा, "मैं पूरी कोशिश करूँगा, तुम्हारा भाई ठीक हो जाएगा। वह इंजीनियर भी बनेगा। हमारे पास बहुत अच्छे और क्वालीफाइड डॉक्टरों की टीम है। तुम चिन्ता न करो।"

डॉक्टर राजेन्द्र ने विभव के कन्धों पर हाथ रखते हुए आगे बताया कि वैभव की दोनों किडनियाँ जरूर खराब हो गयी हैं मगर किडनी ट्रांसप्लांट होने से वह ठीक हो जाएगा। आजकल ये सुविधा दिल्ली, मुम्बई आदि कई शहरों में हो गयी है। अब बस किसी डोनर को तैयार करो जो इसको अपनी किडनी दे सके। मगर हाँ किडनी सबकी सूट नहीं करती। सबसे अधिक जुड़वाँ (ट्विन्स) की मैच करती है, फिर भाई-बहन और माँ-बाप की। प्रकृति ने शरीर में दो किडनी यानी गुर्दे बनाये हैं। यदि एक खराब हो जाता है तो दूसरे से काम चल जाता है इसलिए देने वाले को भी कोई खतरा नहीं होता और वह सामान्य जीवन जी सकता है।

"मेरे अलावा इसका और कोई नहीं है, मेरी किडनी मैच कर जाएगी। आप मेरी निकालकर उसके लगा दो। वह ठीक हो जाएँ मैं उसे इंजीनियर बना लूँ, माँ-बाप को दिया हुआ वचन पूरा कर लूँ।"

प्रिस्क्रिप्सन नर्स को थमाते हुए डॉक्टर ने डायलेसिस के लिए कहा। वैभव को डायलेसिस के लिए ले चलने हेतु नर्स ने वार्ड ब्वॉय को निर्देशित किया। रास्ते में विभव को समझाने के लिए नर्स ने डायलेसिस के बारे में बताया कि ये मशीन किडनी की ही तरह अन्दर के अवांछनीय द्रव्य अलग कर पेशाब के माध्यम से निकाल देती है।

डायलेसिस होने के बाद वैभव की स्थिति ठीक होने लगी। उसके पैरों की सूजन ठीक हो गयी। विभव को लगा जैसे उसका वचन पूरा हो जाएगा।

दवाएँ देते हुए डॉक्टर ने विभव को बताया कि जब तक किडनी ट्रांसप्लांट नहीं होती तब तक डायलेसिस करानी पड़ेगी। यह एक खर्चीला इलाज है लेकिन और कोई विकल्प नहीं है सिवाय किडनी ट्रांसप्लांट के।

इंजीनियर और ठेकेदार से बात करके सेठ करोड़ीमल समझ चुका था कि उसे विभव का मॉडल बनवाने में नुकसान नहीं है क्योंकि अभी सिर्फ एक तरफ की बाउंड्री वाल की नींव ही खुद पाई थी। मकान का मॉडल उसे पहले से ही पसंद था। तब वह मुँह माँगे दाम देने को तैयार था, लेकिन अब दाम उसकी मर्जी पर थे, इसलिए उसे फायदा ही फायदा था।

सेठ का बेटा पदूम बिल्डर का काम करना चाहता था इसलिए वह इस अभिनव मॉडल के मकान को बनवाकर लोगों को दिखाना चाहता था कि वह और बिल्डरों की तरह का बिल्डर नहीं है बल्कि वास्तुशास्त्र पर आधारित किफायती और अच्छे मकान दे सकता है। ये डुप्लेक्स मॉडल ऐसा था कि पूरा मकान लाउंज से कंट्रोल हो सकता था।

सेठ करोड़ीमल ने विभव से एक सौदा ये भी किया कि 5 वर्ष तक वह उसे नए-नए मॉडल बनाकर देता रहेगा ताकि उसका बेटा उन मॉडलों पर आधारित मकान बनाकर बेचता रहे और फायदा कमाता रहे। विभव को भी एक स्थायी ग्राहक मिल गया इसलिए उसने समझौता कर लिया।

एडवांस में मिला रुपया तथा बैंक से मिली ओवर ड्राफ्ट की लिमिट आदि से पैसों का बन्दोबस्त करके जसलोक अस्पताल मुम्बई में वैभव के चैक-अप हेतु एप्वाइंटमेंट लेकर विभव अपने सहपाठी कपिल का पता ढूँढ़ने लगा। कपिल मुम्बई में ही किसी कम्पनी में काम करता है।

"हैलो कपिल मैं विभव बोल रहा हूँ, वैभव की किडनियाँ खराब हो गई हैं, उसके लिए मुम्बई आना है, तुम्हारी मदद की आवश्यकता है। यद्यपि मैं तुम्हारे काम नहीं आ पाया परन्तु अपनी परेशानी तुम्हें बता गया, परेशानी में दिमाग भी तो ठीक से काम नहीं करता। खैर तुम बताओ कैसे हो?"

"ठीक हूँ," कपिल ने कहा, "और तुम? किसी बात की चिन्ता न करना। मैं जिस लायक हूँ तुम्हारे साथ हूँ।"

कपिल मुम्बई में रह जरूर रहा था लेकिन उसका मन अभी मुम्बइया नहीं हुआ था। वह दूसरों की मदद के लिए तैयार रहता था। कपिल ने उसे अपने घर पहुँचने के लिए कहा और स्टेशन पर लेने हेतु आने के लिए तारीख और ट्रेन का नाम पूछा।

वैभव को लेकर विभव स्टेशन के बाहर निकल ही रहा था कि उसे कपिल दिख गया। कपिल, कपिल कहते हुए विभव आगे बढ़ा तो कपिल ने उसे गले से लगा लिया; और बान्द्रा स्थित अपने घर ले गया। इलाज के दौरान कपिल ने छुट्टी ले लीं। वह विभव और वैभव के साथ ही जसलोक ही में रहा।

विभव की किडनी निकालकर वैभव को लगा दी गई। ऑपरेशन सफल हो गया। वैभव ठीक होने लगा, विभव को अपना सपना पूरा होते दिखने लगा इसलिए दर्द में भी उसके चेहरे पर रौनक दिखाई देने लगी।

सिस्टर नीहारिका विभव की देखरेख कर रही थी। वह घर वालों जैसा प्यार और ढाढ़स देती थी। नीहारिका की दिलचस्पी देखकर विभव उससे बहुत प्रभावित हो गया। एक दिन उसने नीहारिका से पूछ लिया कि वह कहाँ की रहने वाली है? नीहारिका ने कहा— मेरी माँ आगरा की हैं। मैं भी आगरा का हूँ— विभव ने तपाक से कहा।

"मुझे मालूम है," नीहारिका ने कहा।

"तुम्हें कैसे मालूम?" विभव ने पूछा।

"मैंने आपकी फाइल देखी थी," नीहारिका बोली।

"तुमने आगरा देखा है?" विभव ने पूछा।

"नहीं, मगर देखना चाहती हूँ", नीहारिका ने कहा।

"आगरा बहुत अच्छी जगह है, वहाँ के पत्थर प्यार की कहानी कहते हैं और ताजमहल तो प्यार का तीर्थ स्थान है। सारी दुनिया के लोग वहाँ आते हैं।" विभव ने कहा।

"माँ क्या करती हैं?" विभव ने आगे पूछा।

"वह घर पर ही क्रेच चलाती हैं," नीहारिका ने बताया।

"और पिताजी?" विभव ने पूछा।

"गुजर गये," नीहारिका ने कहा।

वैरी सैड कहते हुए "क्या करते थे वह?" विभव ने पूछा।

"दवाइयों की एक कम्पनी में काम करते थे।"

"मैं तुम्हारी माँ से मिलना चाहता हूँ, क्या मिलवा सकती हो?" विभव बोला।

नीहारिका ने घर पहुँचकर माँ को विभव के बारे में बताया। अगले दिन माँ को लेकर नीहारिका अस्पताल पहुँची। उसने विभव का माँ से परिचय कराया। लेटे ही लेटे विभव ने माँ के पैरों की तरफ हाथ बढ़ा दिया। माँ पास में ही बैठ गयीं और उसके हालचाल पूछने लगीं। फिर आगरा के बारे में पूछती रहीं।

"तुम्हारी माँ कहाँ की थी?" माँ ने पूछा।

"बाजीपुरा की थी,"-विभव ने कहा।

"तुम सावित्री के बेटे तो नहीं हो?" अचानक माँ ने कहा।

"जी हाँ, पर आपको कैसे मालूम?" विभव ने कहा।

"वह मेरी बहुत अच्छी सहेली थी। हम दोनों नगरपालिका के स्कूल में साथ-साथ पढ़े थे। मेरे पति मुम्बई में नौकरी करते थे इसलिए मैं मुम्बई आ गई।"

नीहारिका की माँ से मिलकर विभव को बहुत अच्छा लगा। उसे एक मांसी (मौसी) मिल गई। विभव मांसी और नीहारिका से परिचित होने के बाद महसूस करने लगा था कि बीमारी ने दिक्कतें तो दीं लेकिन इसी बहाने अच्छे लोग मिल गये। मुम्बई के बारे में उसका दृष्टिकोण बदल गया। उसे लगने लगा कि अच्छे लोग हर जगह होते हैं। परेशानी में साथ दे वह अपना। समय और जगह की कमी के कारण लोगों की संवेदनशीलता पर प्रभाव जरूर पड़ा है लेकिन उनकी मूलवृत्ति नहीं बदली है, आखिर दुनिया भी तो इसी पर चल रही है।

नीहारिका विभव को व्हील चेयर पर बैठाकर घुमाती और कभी सहारा देकर चलाती। चलते-चलते उससे ढेर सारी बातें करती, कभी वास्तुशास्त्र पर, कभी

समाज पर, कभी रिश्तों पर, कभी भाग्य पर और न जाने किन-किन विषयों पर। बातें करते करते नीहारिका विभव को तसल्ली देने के लिए वैभव के बारे में भी बताने लगती।

"वैभव को आई. सी. यू. में आज पन्द्रह दिन हो गये। कब तक और रहेगा वहाँ?" विभव ने नीहारिका से पूछा।

"डॉक्टर से पूछकर बताऊँगी," नीहारिका ने कहा।

"तुम्हारी वजह से इतने दिन आसानी से कट गये वरना अस्पताल में एक-एक दिन एक-एक साल के बराबर होता है। न जाने कौन-से पुण्य किये थे जो तुमसे मुलाकात हुई और तुम्हारे कारण मांसी से। कपिल भी काफी लम्बे अरसे के बाद मिला। उसने भी दोस्ती का फर्ज अदा कर दिया। हमें इतनी उम्मीद नहीं थी। मुम्बई आने पर उसके सिवाय मेरा और कोई नहीं था। बहुत अच्छा लड़का है। मेडिकल रैप होकर जब वह यहाँ आया था तो हम कुछ भी मदद नहीं कर पाये थे लेकिन उसने हमें किसी बात की दिक्कत नहीं होने दी।"

"यू नेम दी डैविल एण्ड डैविल इज दियर।" कपिल को आते देखकर विभव ने कहा, "अभी हम लोग कपिल तुम्हारे बारे में ही बातें कर रहे थे। इनफैक्ट नीहारिका और तुमने हमारे थॉट्स बदल दिये। कैसे उतार पाऊँगा तुम लोगों का कर्ज?" विभव ने आगे कहा।

"तुम उतार सकते हो," कपिल ने कहा।

"कैसे?" विभव ने पूछा।

"बस एक प्यारी सी भाभी तलाश लो।"

"कपिल ने बिल्कुल ठीक कहा विभव," नीहारिका बोली।

सभी हँसने लगे।

"मुझे ठीक होने दो बेटा फिर देखता हूँ कौन किसके लिए क्या करता है?" विभव ने कहा।

"हाँ मैं तुम्हें ये बताने आया था कि राउंड पर आए डॉक्टर ने कहा है कि वैभव को अब आई. सी. यू. में रखने की जरूरत नहीं है। तुम लोग बातें करो मैं चलता हूँ," कपिल बोला।

प्राइवेट रूम में शिफ्ट होने के बाद वैभव ने जब विभव को देखा तो उसकी आँखें नम हो गयीं और कहने लगा, "मेरी जिन्दगी के लिए भैया आपने अपनी जिन्दगी को खतरे में क्यों डाल दिया अगर आपको कुछ हो जाता तो मैं तो ठीक होकर भी मर जाता।"

"शुभ-शुभ बोल वैभव," कपिल ने कहा

"तुम्हारे भैया देवता हैं देवता," तकिये के किनारे रखे तौलिये से वैभव के आँसू पोंछते हुए नीहारिका ने कहा।

"माँ जब मरी थी तो तू एक साल का था। पिताजी दूसरी शिफ्ट (शाम की कक्षाओं) में पढ़ाने लगे थे। स्कूल से मेरे वापस आने पर ही वह कहीं जाते थे। तुझे मैंने ही तो पाला है। तेरे अलावा मेरा और कौन था? किसके लिए मैं जीता?" विभव ने कहा।

"अब तुम दोनों ठीक हो," कपिल ने कहा।

"मुसीबत में भाई भाई के काम नहीं आएगा तो कैसे चलेगी ये दुनिया?" नीहारिका ने कहा।

"तुम दोनों बहुत अच्छे भाई हो," कहकर कपिल ने नीहारिका की ओर इशारा करते हुए वैभव से कहा—ये नीहारिका है।

"और ये अपनी माँ की सहेली की बेटी है," बीच में ही विभव बोल पड़ा।

"आगरा मगर अभी तक नहीं देखा है इसने," कपिल ने चुटकी लेते हुए कहा।

"हम लोग ठीक हो जाएँ फिर आपको आगरा जरूर घुमायेंगे," वैभव ने कहा।

"मैं मांसी से मिलना चाहता हूँ, अगर दिक्कत न हो तो मिलवा दीजिए प्लीज," वैभव ने आगे कहा।

"वह तुझे आई.सी.यू. में कई बार देख गयी हैं," विभव ने कहा

"मोनिका क्या कर रही है?" कपिल ने वैभव की ओर इशारा करते हुए पूछा?

"कुछ है उसकी बड़ी दीदी को देने के लिए क्या?" वैभव ने मुस्काराते हुए कहा।

"क्या मामला है भई," विभव ने कहा।

"जब दो लोग बात कर रहे होते हैं तो बीच में बोलना ठीक नहीं होता," कपिल ने विभव को डाँटते हुए कहा।

"कुछ दाल में काला है," नीहारिका ने कहा।

"कपिल बड़ा शरारती था बचपन में," विभव ने कहा।

"वैभव तो हमारा डाकिया था," कपिल ने कहा।

"डॉक्टर राउंड पर आते हैं। उनके साथ एक नर्स और डॉक्टर ऑन ड्यूटी हैं वे उन्हें वैभव की दवाइयाँ आदि समझाकर चले जाते हैं। नर्स इंजेक्शन लगाकर चली जाती है। थोड़ी देर में वैभव को नींद आ जाती है। कमरे में पड़ी अटैण्डेंट बेंच पर कपिल लेट जाता है। चहचहाता हुआ कमरा शान्त हो गया।

घर पहुँचकर नीहारिका अपनी माँ को वैभव के बारे में बताती है। माँ अगले दिन उससे मिलने के लिए अस्पताल पहुँची। वैभव नीहारिका की माँ से मिलकर बहुत खुश होता है और कहने लगता है मुम्बई में मांसी है, मुझको क्या मालूम? भैया ने आपके बारे में मुझे बताया तभी से मिलने की इच्छा थी।

"नीहारिका तो आप लोगों को बहुत याद करती है। आप लोग ठीक हो जाएँ तो घर जरूर आइए।"

"और आप भी आगरा जरूर आइए मांसी," वैभव ने कहा।

"जाना तो चाहती हूँ लेकिन नीहारिका के कारण कहीं निकल नहीं पाती, इसके हाथ पीले हो जाएँ तो हमारी चिन्ता दूर हो जाय। गंगा भी नहा आएँ और आगरा भी घूम आएँ।

"माँ आप भी....." नीहारिका ने कहा।

"बेटा ये बच्चे अपनी तरफ के हैं इनसे तो कह ही सकती हूँ।"

"नीहारिका लड़का पसन्द कर ले फिर आपको चिन्ता करने की जरूरत नहीं हम सब सँभाल लेंगे।" कपिल ने कहा

"इसके पापा होते तो हमें क्या चिन्ता थी, हम कहाँ जाएँ, किससे कहें, बड़ी समस्याएँ हैं?" माँ ने कहा।

"लड़का ऐसा देखना जो शरीर से ठीक हो, जिसका स्वास्थ्य ठीक होता है वह कुछ न कुछ तो कर ही लेगा। लड़की सुखी रहेगी। दुनिया में सबसे बड़ी सम्पत्ति स्वास्थ्य है। यदि कोई शरीर से ठीक है तो सब कुछ ठीक है, वरना सब कुछ बेकार लगता है। अस्पताल में आने पर पता चला कि स्वास्थ्य के बिना कुछ नहीं। हम दोनों को ठीक होने पर भी ताउम्र बहुत सावधानी बरतनी पड़ेगी," विभव ने कहा।

"इसीलिए तो मैं सोचती हूँ कि तुम्हें एक नर्स की जरूरत है बेटा। अब तो हमें सावित्री की तरफ से भी सोचना है। या किसी और को चाहते हो?"

"चाहने से क्या होता है?" विभव ने लम्बी साँस लेते हुए कहा।

"मैंने अपने सपनों के घर का एक मॉडल बनाया था लेकिन वैभव के ऑपरेशन के लिए मुझे बेचना पड़ा। अब तो मेरी किडनी भी निकल गयी है।" विभव ने आगे कहा।

"जी है तो जहान है बेटा, तुम दोनों ठीक हो गये, घर भी बन जाएगा।" मांसी ने कहा।

व्हील चेयर पर वैभव को घुमाती हुई नीहारिका और कपिल के आते ही सब चुप हो गये।

"कोई गोपनीय वार्ता हो रही थी?" कपिल ने कहा।

"नहीं ऐसा कुछ नहीं," विभव ने कहा।

"काफी देर हो गयी। हमें चलना चाहिए," कहती हुई माँ उठी और नीहारिका से चलने को कहा।

नीहारिका और उसकी माँ के जाते ही विभव ने कपिल और वैभव को माँ की बातें बतायीं तो वैभव ने कहा "ठीक ही तो है भैया, मेरी बीमारी के कारण आपके सपनों का घर न बन सका तो कम से कम सपनों का घर तो बस ही सकता है।" स्वीकृति की हँसी में सभी हँसते हैं, कमरे में बीमारी की बजाय जश्न के माहौल में विभव ने कहा, "हाँ गुर्दे के प्रत्यारोपण के साथ-साथ दिल का भी प्रत्यारोपण हो गया।"

बुढ़ापे में गृह निर्माण

करुणा कभी सोच भी नहीं सकती थी कि रिटायरमेंट के बाद उसके पति का व्यवहार इतना बदल जाएगा। वह तो जानती थी कि रिटायरमेंट के बाद आदमी के व्यक्तित्व में स्थायित्व आ जाता है; उसका व्यवहार बहुत ही संतुलित हो जाता है, उसके जीवन का अनुभव इतना अधिक हो चुका होता है कि वह हर ऊँच-नीच को ठीक से जानने-पहचानने लगता है, दूसरों का दिल दुखाने की बजाय दिल जीतने लगता है; लेकिन अपने पति को देखकर उसे लगने लगा कि आदमी की मर्दवादी सोच में अन्तर कभी आता नहीं।

दोनों बेटियों की जब तक शादी नहीं हुई थी तब तक तो घर में रौनक बनी हुई थी। लड़कियों और उनकी सहेलियों की वजह से घर सजा सँवरा रहता था। उनके चले जाने से घर वैसे ही खाली हो गया था। उस खालीपन को पति के रिटायरमेंट ने भरा तो लेकिन खुद खाली रहने के कारण उनका मन नहीं लगता। छोटी-छोटी बातों पर क्रोधित होने लगते हैं, बात-बात पर उसकी खामियाँ निकालने लगते और कभी-कभी तो उसकी खामियों को पूरी औरत जाति की खामियाँ बताने लगते। कभी-कभी हल्की-फुल्की बातों में भी शुरू से लेकर अब तक की एक साथ सारी गलतियाँ गिनाने लगते।

होली पर पड़ोस में रहने वाले इन्दौरा साहब पर रंग क्या डाल दिया, पूरा रंग में भंग हो गया; लगे झाड़ने, लगे पढ़ाने शिष्टाचार और लोकाचार, भला इस उम्र में लोकाचार पढ़ाने की जरूरत कौन औरत बर्दाश्त करेगी? होने लगी बौछारें रंगों की बजाय व्यंग्यों की। व्यंग तब तक तो अच्छे लगते हैं जब तक उनका आशय अन्य व्यक्ति (थर्ड पर्सन) से होता है लेकिन जब व्यक्तिगत हो जाता है वे व्यंग नुकीले बाण बन जाते हैं जो दिल के कोमलपन पर बिंधने लगते हैं। मान मनौवल की भी तो ये उम्र नहीं है और अगर होती भी तो दिल की लगी पर उम्र भी काबू नहीं पा पाती।

अपने पति के व्यंग बाणों से घायल करुणा अपना-सा मुँह लेकर कोने में बैठ गयी। उसकी आँखों में एक साथ पूरी उम्र के दृश्य आने लगे। होली का ही समय था जब वह पहली बार जगाधर से मिली थी। अपनी भाभियों के साथ उसने भी उसके रंग लगा दिया था। जगाधर ने कुछ नहीं कहा था सिर्फ मुस्कराया था। उसकी मुस्कराहट में न जाने क्या जादू था कि वह मंत्र मुग्ध हो गयी थी। जगाधर भी किसी न किसी बहाने से घर आने लगा था। चोरी छिपे जब भी मिला तो एक साथ जीने मरने के वादे करके उसने दिखा दिया था कि प्रणय एकतरफा नहीं बल्कि दोनों तरफ से है। माँ-बाप तैयार नहीं थे फिर भी जगाधर ने पहल करके उसका हाथ माँग लिया था। जिन्दगी का इतना लम्बा सफर कभी लम्बा नहीं लगा जितना अब कभी-कभी एक दिन लगने लगता है।

करुणा सोचने लगी– वह अगर प्रौढ़ा हो गयी है तो जगाधर भी तो बूढ़ा हो गया है। उम्र के कारण इतना बदलाव नहीं होना चाहिए। आखिर करुणा ने छाया बनकर किसका पीछा किया? किसके बच्चों को पाल-पोस कर बड़ा किया? जिन बच्चों को उसने पाला है उनके नाम के साथ उसका नाम नहीं बल्कि जगाधर का ही है। जगाधर की सम्पत्ति पर भी उसके बेटे का हक है। इस उम्र में यदि बेटे ने भी मुँह मोड़ लिया तो वह किसके सहारे जीवन काटेगी?

करुणा को अकेला कोने में बैठा देखकर भी जगाधर का दिल नहीं पसीजा। मनाने की तो बात दूर रही ये और कहने लगा– आज त्यौहार के दिन भी तेरा व्यवहार ठीक नहीं है। आखिर तू क्या पूरे मुहल्ले को बताना चाहती है कि जगाधर सठिया गया है, अपनी बीवी को तंग करने लगा है। दीवाली को भी तेरी ही गलती थी, तूने ही बगैर पूछे तेल की बजाय घी के दीये जलाये थे, जब देखो तब अपने ही मन की करती रहती है, तुझे ये भी ख्याल नहीं रहता कि घर में मैं भी हूँ। क्या तुझे मेरा घर पर रहना अच्छा नहीं लगता? घर पर क्या रहने लगा इसने जीना दूभर कर दिया। इस उम्र में मैं घर छोड़कर कहाँ जाऊँ? लड़कियाँ विदेश में, लड़का विदेश में। इतना बड़ा घर बनवाकर तूने मुझे कर्जे में फँसा दिया।

करुणा अपनी चुप्पी तोड़ती हुई बोलने लगी– मैंने तो किरायेदार रखने को कहा था, लेकिन आपको कोई पसंद आये तब न; जो आता है उससे इतने प्रश्न पूछते हो कि वह दुबारा आता ही नहीं। आखिर आएगा क्यों? अपनी शान्ति भंग कौन करेगा? बूढ़ा होने का ये मतलब थोड़ी है कि ऊलजलूल बोलने लगो। बूढ़ा तो एक दिन सबको होना है। जो बूढ़ा है वह कभी जवान भी था। जो जवान है वह बूढ़ा भी होगा। घर में किरायेदार होता तो आमदनी भी बढ़ती और घर की देखरेख भी बनी रहती, कम से कम भूतों का घर तो न लगता।

जगाधर शान्त खड़ा था, करुणा बोलती जा रही थी इस पर जगाधर कहने लगा– तुम्हीं को लगी थी कि मकान बनाओ, लड़के-बहू का अलग कमरा हो,

मेहमान का अलग हो, बैठक अलग हो, वगैरा-वगैरा। मकान हमने कोई किरायेदारों के लिए थोड़ी बनाया था, मकान हमने अपने परिवार के लिए बनाया था; जो कुछ पास पल्ले था वह सब लगा दिया, कर्जा ऊपर से; कल को हारी बीमारी हो जाय तो लेने के देने पड़ जाएँ। रिटायरमेंट के बाद एक-एक पाई को दाँतों से पकड़ना पड़ता है।

तो बेच दो– करुणा कहने लगी।

इस पर जगाधर लम्बी साँस लेकर कहने लगा, नहीं करुणा नहीं! ये दीवारें ईंटों की नहीं हैं, इनमें मेरा खून-पसीना है और सारी उम्र की कमाई लगी है, बेचना कोई इतना आसान नहीं है कि गये बाजार में बेच दिया और अब इसे बेचकर खुद कहाँ रहेंगे?

वाह भई चित भी मेरी पट भी मेरी और टइया मेरे बाप का; आपसे कोई जीत तो सकता नहीं कहकर करुणा ने चुटकी ली।

जगाधर का मन भर आया था वह करुणा के पास ही बैठते हुए कहने लगा– आज होली है, हम दोनों खिंचे-खिंचे हैं। बच्चों को इतना भी नहीं कि कभी खत ही डाल दिया करें। इस मकान के बनवाने से क्या फायदा? जिनके लिए बनाया था उनके कदमों की आहट भी अब नहीं आती। हम दोनों के लिए तो एक कमरा ही बहुत था। किराये के मकान में जब रहते थे तब चहल-पहल तो थी, जगह की कमी भले ही थी पर अच्छा लगता था। अब इन दीवारों से कौन मूंढ मारे। कभी-कभी इनकी मनहूसियत दूर करने के लिए मन करता है खूब चिल्लाऊँ। अब तुम्हीं बताओ किरायेदार रख दें तो कब्जा और कर लेने का डर और अगर अमेरिका चले गये तब तो जरूर ही कर लेगा। खाली छोड़ गये तो कोई अलॉट करा लेगा। हमें तो अपनी वह रसोई ज्यादा अच्छी लगती थी जिसमें तुम रोटी सेंकती जाती थीं और बच्चे लड़ते-झगड़ते खाते जाते थे।

कुनाल और उसकी बहू कहते जरूर हैं अमेरिका आ जाने के लिए लेकिन जाने के बाद भूल जाते हैं। भटनागर साहब कह रहे थे कि वहाँ बुड्ढों की बुरी हालत है कोई बोलने बतलाने वाला नहीं है। उनकी गिटिर पिटिर अपनी समझ से बाहर। वहाँ तो हम भीड़ में भी अकेले रह जाएँगे। यहाँ कम से कम कुछ लोग अपने जानने वाले तो हैं। समय कट जाता है। पहले आफिस जाते थे तो कुछ समय वहाँ कट जाता था। रिटायरमेंट के बाद लोग समझते हैं जैसे रिटायरमेंट मौत ही है। रिटायर होना कोई हमने ही नहीं शुरू किया है। वह तो एक दिन सबको होना पड़ता है।

करुणा का भी दिल भर आया था। वह जगाधर की हाँ में हाँ मिलाने लगी और कहने लगी–भगवान जाने आजकल के बच्चे विदेश के दीवाने क्यों हैं? हमारे देश में क्या कुछ नहीं मिलता? अपने घर की रूखी-सूखी भी अच्छी होती है; पड़े वहाँ सात समुन्दर पार और यहाँ हम लोगों का मन परेशान। घर पर रहते तो नाती-पोतों के साथ

मन लगा रहता, उनकी भी ठीक से परवरिश हो जाती। मेरी तो समझ में नहीं आता वह क्रेच वाले दादा-दादी, नाना-नानी जैसा प्यार कैसे दे पायेंगे?

बहुत दिनों के बाद आज जगाधर और करुणा एक-दूसरे को और भी अधिक अपने पास महसूस कर रहे थे आखिर इस उम्र में एक-दूसरे की लाठी भी तो वही थे।

अफवाह

दीनू का बयान लेने के लिए जब इन्क्वायरी वाले आये तो मौका-ए-वारदात की ओर चलते हुए दीनू ने बताया– इकबाल तब चार साल का ही हो पाया था लेकिन मुहल्ले भर की आँखों का तारा बन गया था। अपनी तोतली बानी में किसी को चाचू, किसी को ताऊ, किसी को बाबा, किसी को भैया कहकर सबकी गोद में सवार हो लेता था। विशाल तो उसे ऊपर उछाल देता था, उछलता हुआ इकबाल डरता नहीं था बल्कि सबसे बड़ा हो जाता था और विशाल भैया कहकर बार-बार बड़ा करने को कहता था। मेले में तो इकबाल उसके कन्धों पर बैठ गया था। इसलिए मेले में सबसे बड़ा इकबाल ही लग रहा था। माँ ने जो गुब्बारे दिलाये थे उनकी डोर उसके हाथ में थी, विशाल की लम्बी डगों के कारण गुब्बारे पीछे की ओर उड़ रहे थे। इकबाल खुशी से झूम रहा था। इकबाल को विशाल के कन्धों पर बैठकर गुब्बारे उड़ाता देख दूसरे बच्चे भी अपने साथ आए बड़ों के कन्धों पर बैठकर गुब्बारे उड़ाने की जिद करने लगे थे। देखते-देखते मेले में कई बच्चे इकबाल की तरह गुब्बारे उड़ाने लगे थे और अधिक ऊँचा होने के लिए वह मेरे कन्धों पर सवार हो गया था।

यही वह जगह है साब जहाँ बड़े बच्चों का एक दल पतंगें उड़ा रहा था। आसमान में उड़ रही पतंगें तितलियों जैसी लग रही थीं और गिद्ध तो हवाई जहाज से लग रहे थे। ऊँची उड़ती पतंगें आपस में टकरा रही थीं, लेकिन बच्चे अपनी-अपनी पतंग बचा ले रहे थे, पतंगों की टकराहट और बचाव मजेदार खेल बन गया था। पतंगों और मंझों (डोरी की रील) की बिक्री बढ़ गयी थी।

आगे बढ़ते हुए उसने बताया कि इस किनारे पर ऊँचे-ऊँचे झूले लगे थे। बच्चे, जवान, युवक और युवतियाँ झूले में बैठकर आनन्द ले रहे थे। झूला जब तेज हो गया था तो कुछ बच्चे अपने बड़ों के सीने से चिपक गये थे और कुछ की तो आँखें

बन्द हो गयीं थी लेकिन रोमांच और देखादेखी के चक्कर में झूला झूलने वालों की भीड़ लगी थी।

यहाँ मिट्टी के खिलौनों की दुकान थी। बैलगाड़ी, घर, बच्चा, सिपाही, कुत्ता, बकरी आदि की रंग-बिरंगी मूर्तियाँ और लकड़ी के खिलौनों वाली दुकान बच्चों के लिए आकर्षण का केन्द्र बनी हुई थीं। घरेलू उपयोग की सामान्य चीजें जैसे दही मथने वाली मथनी, बेलन, चकला, चूहेदानी, तिपहिया गाड़ी आदि खरीदने वालों की भीड़ लगी थी।

ठीक इस जगह मदारी बन्दरों का खेल दिखा रहा था। बन्दर मदारी के कहने पर एक डण्डा लेकर गर्दन के पीछे रखकर दोनों हाथ डण्डे के दोनों किनारों पर रखकर दो पैरों से चलने लगता था, ससुराल की आव-भगत में उसे एक छोटे से स्टूल पर बैठने के लिए मदारी सास के रूप में कहता था, बन्दर उस पर बैठ जाता था और फिर बन्दर मदारी के कान के पास आता जिसे वह बन्दर द्वारा अपनी बन्दरी को साथ लिवा ले जाने के लिए कहना बताता था। बन्दरी जब ससुराल जाने से मना करती थी तो मदारी समझाता था, कभी अलग-अलग कान में कुछ कहता था लेकिन दोनों अपनी जिद पर अड़ जाते थे। बन्दर गुस्से में आ गया था और डण्डा उठाकर बंदरी पर जड़ दिया था। बाद में बंदरी बन्दर के साथ चल दी थी।

इधर भालू वाला डमरू बजा-बजा कर डण्डे के इशारे से भालू को नचा रहा था। छोटे-छोटे बच्चों के माँ-बाप भय भगाने के लिए भालू की सवारी करा रहे थे। कुछ लोग भालू पर बैठे अपने बच्चों के फोटो खींच रहे थे।

यहाँ कठपुतली वाला कठपुतलियों का खेल दिखा रहा था। पर्दे के पीछे से चल रहे गानों पर कठपुतली का नाच लुभाने वाला था, कभी सास-बहू की तकरार, कभी पड़ोसिनों की तकरार, कभी चुट्टट पकड़कर झगड़े और कभी मदमस्त गानों पर ठुमके, कभी सरदार और सिपाही बनी कठपुतलियाँ सामान्य जीवन की व्यंग्यात्मक और कभी मनोरंजनात्मक छटा बिखेर रही थीं।

लगभग यहाँ एक जादू वाला ताश के पत्तों का खेल दिखा रहा था। वह एक खाली डिब्बे में से जादू करके रंग-बिरंगे रूमाल निकालने लगा, फिर भरे गिलास को खाली दिखाने लगा। हाथ की सफाई की दुहाई देकर मेज पर रखी चीजें देखते-देखते गायब करने लगा। मनोरंजन और जादू के कमाल के कारण बच्चों से लेकर बड़ों तक का जमघट लगा हुआ था।

उधर एक वैरायटी शो में लड़कियाँ नृत्य कर रही थीं। इसमें बच्चों की अपेक्षा युवाओं की भीड़ अधिक थी। फिल्मी गानों पर लड़कियों का नृत्य इन्द्रलोक की अप्सराओं से कम नहीं था।

ठीक इस स्थान पर युवतियाँ सौन्दर्य प्रसाधन की दुकानों पर अपनी आवश्यकता की चीजें ईंगुर (सिंदूर), टिकुली (बिन्दी), फीते, लिपिस्टिक, क्रीम,

पाउडर आदि ठिठोली करती हुई खरीद रही थीं। मनिहार रंग-बिरंगी चूड़ियाँ सजाए युवतियों और प्रौढ़ाओं के हाथों में पहना रहा था।

यहाँ जमीन से दस फुट ऊँचाई पर बँधी रस्सी पर चलता हुआ व्यक्ति कलाबाजी कर रहा था और दर्शकों को बिना टिकट ही अपनी कलाएँ दिखा रहा था। कभी पैदल चल रहा था, कभी थाली पर पाँव रखकर बाँस लिये हुए संतुलन बनाता चल रहा था। बच्चे, बूढ़े और जवान सब आश्चर्य भरी नजरों से देख रहे थे।

खाने की चीजें तो मेले में अपार थीं जिनकी दुकानें इधर थीं, कहीं फूली हुई बड़ी-बड़ी मीठी पूड़ियों की तरह दिखने वाला खाजा बिक रहा था, कहीं गुड़ की बनी हुई गजक, कहीं परात के आकार का विशालकाय पराँठा, कहीं रेबड़ी, कहीं मुरमुरों को पागकर बनीं मुरमुरियाँ, कहीं लौकी की बर्फी, कहीं गरम-गरम निकल रही जलेबी और इमरती, कहीं बेसन को उबलते तेल में झाड़कर बनायी जाती बूँदी, कहीं रसगुल्ले और समोसे।

इकबाल इसी जगह मुझे जलेबी दिलवाने के लिए लाया था कहते-कहते दीनू रो पड़ा।

इन्क्वायरी के लिए आये लोगों को ताज्जुब हो रहा था कि एक-एक चीज का नक्शा दीनू की आँखों में अब तक बना हुआ था। इकबाल की जिद के कारण मेले में हर जगह वह घूमा जो था। एक-एक दुकान उसकी आँखों के सामने सजी हुई थी। घायल होने के पहले की एक-एक घटना बताते हुए कहने लगा।

दुकानों में अगर अनायास लगी हुई आग होती तो वह अपने गाँव में लगी आग की तरह बाल्टी लेकर बुझा लेता मगर यहाँ न तो बाल्टी ही थी और न ही फायर ब्रिगेड। प्रशासन के नाम पर थोड़ी देर के लिए एक दारोगा और कुछ सिपाही जरूर आये थे। जो लोग आग बुझाने के लिए आगे बढ़े थे उनसे ही कुछ लोग भिड़ रहे थे। उनके हाथों में डण्डे और हथियार थे। उनके चेहरे पहचाने हुए नहीं थे। किसी ने कहा था कि किसी दुकानदार ने किसी युवती के साथ छेड़छाड़ कर दी। मगर आग का औचित्य तब भी समझ नहीं आ रहा था। मुरमुरियों के ठेले को पलट दिये जाने का औचित्य भी नहीं था। जब आगे बढ़ा तो किसी ने कहा मूर्ति तोड़ दी गई है। मन्दिर की ओर बढ़ा तो एक झुण्ड आया और उसने लाठी-डण्डों से मेरे ऊपर वार करना शुरू कर दिया। बचाने के लिए नन्हीं-सी जान इकबाल आगे बढ़ा तो एक आततायी ने उसके सिर में भी डण्डा मार दिया और इकबाल वहीं ढेर हो गया था। मरने वालों में इकबाल के अलावा मन्दिर का पुजारी और गौशाला वाला व्यक्ति भी था।

उस मासूम ने किसी का क्या बिगाड़ा था? मन्दिर के पुजारी ने तो पूजा करते-करते अपना सारा जीवन बिता दिया था। गौशाला वाले सेवक का क्या कसूर था? समझ में नहीं आता।

मूर्ति आखिर कौन तोड़ सकता था। भगवान की मूर्ति, किसकी दम है जो तोड़

ले। आज मन्दिर पहुँचकर उसने देखा कि मूर्ति जैसी की तैसी है।

नए महन्त को देखकर.... शिवरात्रि वाले दिन क्या हो गया था? दीनू द्वारा पूछे जाने पर नये महन्त जी का उत्तर था, 'हरि इच्छा'।

मेले में लोग कह रहे थे मूर्ति तोड़ दी गई है, इस पर महन्त जी ने कहा अफवाह थी।

अफवाह से किसे लाभ था? दीनू ने पूछा। तुम तो ऐसे पूछ रहे हो जैसे मजिस्ट्रेट तुम्हीं हो। महन्त बोला।

हाँ जवाब दीजिए स्वामी जी, कहते हुए इन्क्वायरी दल के एक व्यक्ति ने कहा। उत्तर देने की बजाय मुद्रा बदलते हुए स्वामी जी बोले, अफवाह से लाभ किसे हो सकता है?

दीनू बीच में ही बोल पड़ा, साब लाभ जिन-जिन लोगों को चाहिए होगा वो ले चुके।

इन्क्वायरी वालों में से एक ने पूछा मन्दिर के पास कोई चल-अचल सम्पत्ति है?

कुछ खेत हैं—स्वामी जी बोले

—किसका कब्जा है उस पर? जाँच दल के व्यक्ति ने कहा।

—कब्जा किसी का नहीं है, बटाई पर होता है- स्वामी जी बोले।

—बटाई पर किसके पास है? जाँच दल के एक व्यक्ति ने पूछा।

—कहाँ का है बटाईदार? जाँच दल के दूसरे व्यक्ति ने कहा।

वहाँ पर बैठा एक व्यक्ति बोल पड़ा—कोई मकनपुर का है।

—गाँव का नहीं है? जाँच दल के दूसरे व्यक्ति ने पूछा।

नहीं—पास बैठे व्यक्ति ने कहा।

—महन्त जी आप इससे पहले कहाँ थे? जाँच दल के व्यक्ति ने पूछा।

कन्नौज—महन्त जी ने कहा।

—इतनी दूर खेती क्यों करने आये? बटाई वाले से जाँच दल के एक व्यक्ति ने पूछा।

स्वामी जी लाये हैं — किसान बोला।

—ये ट्रैक्टर तुम्हारा है? किसान की ओर देखते हुए जाँच दल के एक व्यक्ति ने कहा।

स्वामी जी का है—किसान बोला।

—खेती के उत्पादन का हिसाब कौन रखता है? जाँच दल के व्यक्ति ने किसान से पूछा।

स्वामी जी मालिक हैं—किसान बोला।

मालिक तो (ऊपर की ओर देखते हुए) वह है—महन्त बोला।

—इससे पहले तुम कहाँ काम मेरा मतलब खेती करते थे? जाँच दल के एक

व्यक्ति ने पूछा।

—स्वामी जी के गाँव वाले खेतों में- किसान बोला।

—शिवरात्रि वाले दिन दंगे की साजिश में कौन है?

—संत लोगों को क्या मालूम? महंत जी बोले।

—जिन लोगों के हाथों में तमंचे डण्डे थे वह कौन थे?

—संत लोगों को क्या मालूम? महन्त जी बोले।

—वह लोग आस-पास के नहीं लग रहे थे? दीनू बोला।

—तुम्हें कैसे मालूम? महंत जी आँखें तरेर कर बोल पड़े।

उनकी बोली कुछ और थी—दीनू ने कहा।

—जैसी ये बटाई वाला किसान बोल रहा है? जाँच दल के एक व्यक्ति ने पूछा।

कुछ-कुछ ऐसी ही थी साब—दीनू बोला।

—गाँव के लोगों का मानना है कि महन्त जी आप इसमें शामिल हैं? जाँच दल के एक व्यक्ति ने कहा।

स्वामी जी बोले—अफवाह है।

घायल

हिन्दी दैनिक में छपी इस खबर ने मनोहर लाल को झकझोर दिया कि एक मृतक की लाश की तीन दिन तक इसलिए कोई खैर खबर नहीं ली गयी क्योंकि उसकी टाँगें दूसरे थाना क्षेत्र में आ रही थीं। थाने वाले घटना की वारदात दूसरे थाने में मानते रहे और यों तीन दिन बीत गये। अन्ततः जंगली जानवरों का हमला हुआ उन्होंने खींचकर लाश को एक तरफ कर दिया और अब जिस थाना क्षेत्र में आ गयी थी उसे ही पंचनामा करवाना पड़ा। आज जब अखबार में उसका फोटो छपा तब मृतक के घर वालों को मालूम हो पाया। लापरवाही की इस घटना को पढ़ते-पढ़ते मनोहर लाल को वह घटना याद आ गयी जब वह अपने ऑफिस में पड़ी डकैती के समय डाकुओं से लड़ते हुए घायल हो गये चौकीदार को दवा दिलाने और घटना की रिपोर्ट थाने में दर्ज कराने के लिए थाने गया था।

थाने में उसके सामने ही एक आदमी एक घायल को अपनी कार में लेकर आया था और दरोगा जी से कहने लगा था—"साहब सड़क पर ये घायल आदमी पड़ा था कहीं कोई जानवर न हमला कर दे या किसी गाड़ी से न कुचल जाए इसलिए मैं उठाकर ले आया हूँ, अब आगे की कार्यवाही आप करें।"

ऐंठी हुई मूंछों वाले दारोगा ने पहले दीवान को बुलाया और उसकी गाड़ी के कागजात मँगवाये और फिर कहने लगा—"शराब पीकर गाड़ी चलाते हो, आदमी मारकर थाने लाते हो, पुलिस की आँखों में धूल झोंकते हो, मैं दारोगा हूँ, धूप में ही बाल सफेद नहीं किये।" सन्तरी की ओर इशारा कर बोला—"पहरा! इसकी गाड़ी में एक आदमी पड़ा है उसे लेकर आओ।"

पहरा खाली हाथ लौटकर आया और बताने लगा कि गाड़ी में पड़ा आदमी बहुत बुरी तरह से कराह रहा है, उसकी टाँग से खून बह रहा है, गाड़ी में खून ही खून फैला

हुआ है।

उसके बयान ले लो दीवान जी और तहरीर बना लो, लेकिन रपट हम बताएँ तब—दरोगा जी बोले।

"मेडिकल कराने के लिए जिला अस्पताल ले जाओ"—मोटर साइकिल में किक मारते हुए दरोगा जी ने कहा, "इस चौकीदार का भी मेडिकल होना है इसे भी साथ में ले लेना"—कहते हुए निकल गये।

आला डाले ऊँघ रहे डॉक्टर को 'जय हिन्द' करके सिपाही ने जगाया। वार्ड की ओर से आ रही नर्स द्वारा वार्ड के एक मरीज की हालत गम्भीर होने की सूचना पर डॉक्टर फौरन वार्ड की ओर चल पड़ा और फिर वापस आकर नर्स को दर्दनाशक इंजेक्शन देकर सुलाने के लिए कहने लगा। नर्स चली गयी। डॉक्टर सिपाही की ओर मुखातिब हुआ। दीवान ने घायल की मेडिकल रिपोर्ट बनाकर इलाज के लिए कहा। इसी बीच नर्स आयी और इंजेक्शन स्टोर में नहीं है, कहने लगी। डॉक्टर ने मरीज के घरवालों को बाहर से खरीदकर लाने के लिए कहा।

दीवान के साथ आये घायल लोगों (एक जिसमें मनोहर लाल लेकर गये थे और दूसरा जिसे गाड़ी वाला लाया था) के मेडिकल हेतु डॉक्टर ने पहले थाने की रिपोर्ट माँगी जिसे दीवानजी एक कागज कार्बन लेकर लिख देते हैं। डॉक्टर ने रिपोर्ट बनायी, घायल की चोटों का ब्यौरा लिखा। डॉक्टर ने घावों को नापने के लिए पैमाना ढूँढ़ा परन्तु न मिलने पर दीवान जी से व्यवस्था करने को कहा। दीवान जी ने साथ में आए मनोहर लाल को थाने जाकर उनकी टेबल पर रखे पैमाने को लाने के लिए कहा।

मनोहर लाल के वापस लौट आने के बाद ही डॉक्टरी मुआयना पूरा हुआ तब शुरू हुई घायल की मरहम पट्टी। डॉक्टर घायल को ऑपरेशन थियेटर में ले चलने के लिए वार्ड ब्वॉय को पुकारता है। वार्ड ब्वॉय स्टेचर पर घायल को अन्दर ले जाता है। डॉक्टर ने नर्स से घायल के घाव को डिसइन्फेक्टेंट से धोने के लिए कहा तो नर्स ने बताया कि सेवलॉन समाप्त हो गया है, डॉक्टर ने स्टोर से मँगवाने के लिए स्लिप बनायी। नर्स स्टोर जाती है फिर लौटकर आती है और बताती है कि स्टोरकीपर चाय पीने के लिए गया है। स्टोरकीपर आता दिखाई दिया तो डॉक्टर उस पर झल्लाते हुए कहने लगा ये कोई चाय पीने का समय है? इस पर स्टोरकीपर कहने लगा साहब रात के साढ़े बारह बज रहे हैं यही तो चाय का वक्त है, आपके लिए भी भिजवा दूँ? वार्ड ब्वॉय अन्दर गये घायल की हालत गम्भीर बताता है डॉक्टर नर्स वार्ड ब्वॉय सभी ओ. टी. (ऑपरेशन थियेटर) में चले जाते हैं।

मनोहर लाल अपने घायल चौकीदार से बतियाकर उसका मनोबल बढ़ाने लगा था कि डॉक्टर अन्दर से निकला और चौकीदार को भी ओ. टी. में ले जाने के लिए वार्ड ब्वॉय से कहने लगा। वार्ड ब्वॉय घायल चौकीदार को ओ. टी. में लेकर चला गया।

बेंच पर बैठे मनोहर लाल ने देखा– एक घायल को लेकर एक रिक्शा वाला लाया और डॉक्टर से इलाज करने को कहने लगा। डॉक्टर ने तुरन्त ही मेडिको–लीगल केस बताकर थाने में रिपोर्ट लिखवाने को कहा।

साहब आदमी की साँस धीमी-सी है आप इसे दवा दे दीजिए हम थाने में रपट लिखवा आएँगे। आप दवाई शुरू कर देंगे तो शायद बच ही जाएगा बड़ा पुण्य होगा डॉक्टर साहब–रिक्शे वाले ने कहा।

ये केस मेडिकोलीगल है इसलिए बिना थाने की रपट के कुछ नहीं होगा–डॉक्टर साहब ने झल्लाते हुए कहा।

घायल व्यक्ति दर्द के मारे बुरी तरह कराह रहा था। साँसें मद्धिम पड़ती जा रही थीं। डॉक्टर मनोहर लाल के चौकीदार की मरहम पट्टी करके वापस आ गया था।

थाने की रिपोर्ट देखकर डॉक्टर ने कार वाले घायल को ओ. टी. में ले चलने के लिए कहा। कार वाला वार्ड ब्वॉय के साथ स्टेचर पर रखकर घायल को ओ. टी. में ले गया। डॉक्टर नर्स और वार्ड बॉय सब ओ. टी. में अन्दर चले गये, थोड़ी ही देर में निकल कर बाहर आ गये और 'आई.एम.सॉरी' कहते हुए डॉक्टर ने चश्मा उतारा तो उसकी आँखों में आँसू छलक पड़े। वातावरण में एकदम सन्नाटा छा गया।

सामने खड़े दारोगा जी को देखकर डॉक्टर फूट-फूट कर रोने लगा। डॉक्टर के आँसू देखकर दारोगा जी की आँखों में भी आँसू आ गये। डॉक्टर दारोगा जी की ओर मुखातिब होकर कहने लगा– समधी जी देर हो गयी, अगर एक घण्टा उपचार मिल जाता तो मेरा बेटा बच जाता। दारोगा जी भी रोते हुए कहने लगे– काश! मेरे दामाद को अपनी गाड़ी में लाने वाले से हमने पूछताछ आदि में वक्त बर्बाद न किया होता।

पानी के निशान

बैठक की दीवारों पर मुद्दत से आयी सीलन के धब्बों को कपड़े से ढककर सफेदी करने में व्यस्त रामदीन से मुकेश ने आखिर कह ही दिया—आधी दीवारें छोड़कर पुताई से क्या फायदा? सीलन और धब्बे तो रह ही गये।

अभी तुम नहीं समझ पाओगे बेटा—कहते हुए रामदीन बोले—दीवारों पर लगे ये पानी के निशान बहुत अच्छे लगते हैं। ऐलोरा और अजन्ता में इंसान की उँगलियों के निशान भी तो बहुत पुराने हैं। ये निशान हमारी संस्कृति की सौगात हैं और पानी के इन निशानों में तो एक पैगाम है जिसे पढ़ने के लिए एक पिता का दिल चाहिए।

तुम्हारी उम्र अभी पढ़ने-लिखने और खेलने-खाने की है इसलिए तुम खाओ-पियो और मौज करो। पढ़ो-लिखो और अच्छे इन्सान बनो। हाँ, तुम्हें देखकर एक छोटा-सा काम याद आ गया कि मेरा एक रुक्का जमालुद्दीन टेलर के लिए लेते जाना और कहना परसों रत्ना की सगाई वाले आएँगे इसलिए यहाँ आ जाएँ।

मुकेश अगले ही दिन जमालुद्दीन के घर पहुँचा। जमालुद्दीन सिलाई की मशीन पर बैठे लगातार सिलाई करते जा रहे थे। मुकेश ने रामदीन का रुक्का उसके हाथ में थमाया। रत्ना इतनी बड़ी हो गयी? कहते हुए जमालुद्दीन बोला—बड़ी प्यारी बेटी है। कह देना कि मैं जरूर आऊँगा।

रत्ना का नाम आते ही जमालुद्दीन यादों के झरोखों से अपने अतीत में पहुँच गया जब उसके बेटे जावेद को कुत्ते ने काट लिया था और उसकी दवाई के लिए पहली बार वह रामदीन के पास गया था। रामदीन की दवाई से ही वह ठीक हुआ था। जावेद अगर आज होता तो मैं नाती पोते वाला होता। मेरा पोता मुझे दादा-दादा कहकर मेरे कन्धों पर सवार हो लिया करता, मैं उसे लेकर घूमने जाया करता। मेरा घर बच्चों की किलकारियों से गुंजायमान रहता, बीवी को बच्चों से ही फुरसत न मिलती तो बार-बार झुलझुलाने की नौबत ही नहीं आती। मगर खुदा को जो मंजूर है

उसमें कोई क्या कर सकता है। इंसानियत का जज्बा जो उसमें था, वह बिरले ही लोगो में देखने को मिलता है। उसकी मौत का कारण भी वही बना। उसने जो इंसानियत की मिसाल कायम की वह उसे सदैव जिन्दा रखेगी। मरना तो एक दिन आखिर सभी को होता है लेकिन इंसानियत के लिए कुछ करके मरे वही जिन्दा रहता है। कुत्ते-बिल्ली की मौत तो जाने कितने लोग मरते हैं।

मेरा सीना तो फूलकर चौड़ा हो गया था जब उसे नागरिक सम्मान के लिए जुबली हाल में बुलाया गया था और फूल मालाओं से लाद दिया गया था। बड़े-बड़े प्रोफेसर और शहर के बड़े-बड़े नामी गिरामी लोगों के साथ मंच पर बैठाया गया था, शील्ड दी गई थी, मुझ छोटे से कारीगर के बेटे में इतना क्या कुछ था कि उसे इतना सम्मान मिला। मैं तो उसे हमेशा डाँटता ही रहता था। पढ़ाई-लिखाई और काम के लिए कहता रहता था। वह पढ़-लिखकर भी इतना अच्छा इंसान नहीं बन सकता था, जितना अच्छा इंसान वह बिना पढ़े ही बन गया था। अल्लाह का लाख-लाख शुक्र; औलाद दे तो ऐसी कि कई पीढ़ियों तक लोग याद करते रहें।

मुझे तो यकीन ही नहीं हो रहा था कि मुझे और जमीला को भी मंच पर बुलाया जाएगा। उसके माँ-बाप होने के लिए हम दोनों को सराहा जाएगा। उसकी अम्मी तो मंच पर जाने में शरमा रही थी। वह दोनों बच्चे नीलू और नीलिमा मंच पर बुलाये गये थे जिन्हें अपनी जान जोखिम में डालकर जावेद ने 11 फुट गहरे गन्दे नाले से नीलू और नीलिमा को निकाला था। बच्चों के माँ-बाप तो जावेद को अपना बेटा मानने लगे थे। मुझे क्या मालूम कि मेरा जावेद थोड़े ही दिन का मेहमान है।

दीवार घड़ी ने पाँच बार टन-टन की आवाज की। जमालुद्दीन काम छोड़कर घर गया। रत्ना की सगाई की बात जमीला को सुनाई तो रत्ना इतनी बड़ी हो गयी कहते-कहते जावेद के ख्यालों में खो गयी। उसे लगा जैसे जावेद उसके सामने खड़ा है और कह रहा है कि अम्मी तुम अपना ख्याल रखना। तुमने ही तो हमें सिखाया था कि इंसानियत सबसे बड़ा धर्म है और इंसानियत के लिए जान की बाजी भी लगा देनी चाहिए। सारे शास्त्र यही तो कहते हैं। यह सोचते-सोचते उसका चेहरा खिल गया और कहने लगी—"रत्ना ही तो मेरा जावेद है।" उसकी सगाई में अच्छा-सा गरारा बनाऊँगी।

कल जुमेरात है बाजार बन्द रहेगा इसलिए आज ही कपड़ा लाती हूँ। रत्ना पर लाल रंग खूब जमेगा—कहती हुई जमालुद्दीन के साथ बजाज की दुकान पर जाती है, रेशमी लाल-लाल कपड़े निकलवाती है और सुर्ख लाल छाँट लेती है। बेलबूटे का सामान खरीदकर दोनों मिलकर रत्ना का गरारा और कमीज बनाते हैं।

रत्ना के कपड़ों के नाप के बारे में जमालुद्दीन की चिन्ता तब दूर हुई जब जमीला ने बताया कि रत्ना और पड़ोसिन परवीन की बेटी बराबर की हैं। रामलीला के दौरान उसने रत्ना को देखा था। अचानक चहल-पहल देखकर पड़ोसिन परवीन ने

कहा—लगता है कोई नई बात है। हमें भी बताओ; जमीला ने खुशी-खुशी बताया कि उसकी रत्ना की परसों सगाई है। रत्ना के बारे में परवीन के पूछने पर जमीला ने बताया— पास ही में जो गाँव बनकटा है वहाँ पन्द्रह वर्ष पहले भयंकर बाढ़ आयी थी सब कुछ बह गया था लोग रात में सो रहे थे। बाँध में रिसाव हो गया था नदी का पानी कटाव के साथ अचानक रेला मारता हुआ गाँव में घुस आया था। सोते हुए लोगों की चारपाइयाँ तैरने लगी थीं। चारों ओर हाहाकार मच गया था, जिसने जहाँ सुना सब दौड़ पड़े थे।

बनकटा गाँव में ही रामदीन नाम के एक व्यक्ति हैं जो कुत्ता काटे की दवाई देते हैं। दवाई तो घास-फूस की होती है लेकिन होती बड़ी माकूल। दवा की एवज में कोई पैसा नहीं लेते। उन्हीं की दवाई से मेरा जावेद ठीक हो गया था।

बाढ़ की सुनकर जावेद रात में दौड़कर बनकटा चला गया। रामदीन की तीन साल की बेटी रत्ना बाढ़ में बह गयी थी। सभी लोग ऊँचाई पर खडे-खड़े टॉर्च लगा-लगा कर देख रहे थे। बढ़ते पानी में घुसने की हिम्मत किसी की नहीं हो रही थी। काफी दूर कुछ तैरता हुआ सा दिखाई दिया तो जावेद कूद पड़ा और पानी में से रत्ना को निकाल लाया रत्ना को बचाने के चक्कर में कई बार उसे गोते लगे और पानी उसके अन्दर चला गया। बाहर आते-आते वह बेहोश होने लगा था। लोगों ने रत्ना और जावेद दोनों को बचाने के लिए काफी प्रयास किये लेकिन जावेद नीला पड़ता गया, मुँह से फेन निकलने लगा था। साँप काटे की दवाई का जब तक इंतजाम हुआ वह बेहोश हो गया था। बाद में साँप के काटे की दवाई भी दी गयी लेकिन असर नहीं हुआ। रत्ना बच गयी जावेद चला गया। उसी रत्ना की सगाई है रामदीन भाई ने रुक्का भेजा है कि जरूर-जरूर आना है। परवीन भी जमीला के साथ रत्ना के लिए बन रहे गरारे में बेलबूटे काढ़ने लगी।

जुमे की नमाज खत्म होते ही जमालुद्दीन और जमीला रामदीन के घर को रवाना हुए। पहुँचते ही तैयारियों में हाथ बँटाने के लिए जमीला अन्दर लग गयी और रामदीन के साथ जमालुद्दीन। रामदीन और उसकी पत्नी दुलारी ने जमीला और जमालुद्दीन का रिश्तेदारों से परिचय कराया।

गोद भराई की रस्म के लिए सजाई गई बैठक में जब जमालुद्दीन और जमीला पहुँचे तो बैठक की दीवारें देखकर अचम्भे में पड़ गये कि दीवारों पर कोई पुताई नहीं कोई सजावट नहीं। आखिरकार जमीला ने पूछ ही लिया— भाई जान ये दीवारें ऐसी क्यों छोड़ रखीं?

रामदीन गहरी साँस लेते हुए बोले— जमीला बहन ये पानी के निशान हमें हमेशा जावेद की कुर्बानी याद दिलाते रहते हैं। मेरी रत्ना जावेद की दी हुई जिन्दगी जी रही है। हम अपने जीते जी पानी के इन निशानों को मिटने नहीं देंगे। खुशी के इस मौके पर जावेद की याद से कुछ देर के लिए वातावरण शान्त हो गया और फिर धीरे-धीरे सब रत्ना की सगाई में व्यस्त हो गये।

मधुमक्खी बनाम सुवर्णा

कुएँ के किनारे जमे कीचड़ की तरफ उड़ रही मधुमक्खी को देखकर पहले से उड़ रही सुवर्ण मक्खियाँ (बर्र) जोर-जोर से भिनभिनाने और तेज-तेज दौड़ने लगीं, लग रहा था जैसे उन्हें मधुमक्खी का इधर आना स्वीकार न हो, वह क्षेत्र जैसे उन्हीं के आधिपत्य में हो और बिना उनकी इजाजत के मधुमक्खी जैसे आ गयी हो। अचानक सुवर्ण मक्खियों का मधुमक्खी की ओर झपटना यह प्रदर्शित कर रहा था जैसे श्वेतों के रंग महल में कोई अश्वेत प्रवेश कर गया हो और उनकी बूंऽऽ की आवाज में लग रहा था जैसे कह रही हों– 'ओ काली कलूटी बैंगन लूटी तू इधर क्यों चक्कर मार रही है? भाग जा वरना ख़ैर नहीं'।

मधुमक्खी दबाव में आ चुकी थी वह फूलों की तरफ गयी तो मगर शीघ्र ही पुनः लौट आयी। मधुमक्खी को पुनः लौटा देखकर सुवर्ण काया और जोर-जोर से भिनभिनाने लगी मानो कह रही हो– 'अरे जंगली क्या गाँव भी दूषित करेगी?

रूप के घमण्ड में चूर सुवर्णा इतराती हुई घूमने लगी और यों भिनभिनायी जैसे कह रही हो–'शक्ल पर तो बारह बज रहे हैं और चली आयी हमसे भिड़ने। नहीं जानती जो श्रेष्ठ है वह श्रेष्ठ रहेगा, कालों को गोरों का दबाव मानना पड़ेगा 'व्हाइट मेन्स बर्डन' (White man's burden) का सिद्धान्त श्रेष्ठता ही तो है कि मुट्ठी भर गोरों का दुनिया भर के अश्वेत लोहा मानते हैं और तू तो रानी मक्खी की सेविका है, उसके छत्ते का पहरा लगाती है। क्या आज इधर भी पहरा लगाने आयी है? तू अपनी रानी के पास जा तेरी रानी तुझे खा जाएगी।'

मधुमक्खी की निश्चल शान्ति कहने लगी थी–सुवर्णा तू शान्त रहना यदि सीख ले तो और भी सुन्दर लगेगी। माना कि दुनिया चमक पर मिटने वाली है परन्तु चमकने वाली हर चीज सोना नहीं हो सकती। रही सुन्दरता की बात वह तो देखने

वाले की आँखों में होती है तभी तो कहा गया है– ब्यूटीलाइज इन द आईज ऑफ बीहोल्डर (Beauty lies in the eyes of beholder) तू मानती रहे अपने को सुन्दर लेकिन लोग तुझे श्वेतों की तरह शोषक बाज के पंजे जैसा मानते हैं और जहाँ तक श्वेत श्रेष्ठता की बात है वह भी झूठ है। श्वेत अश्वेतों के सामने टिक नहीं पाते अगर अश्वेत भी साम्राज्यवादी दृष्टिकोण के होकर दूसरों पर आक्रमण करने की प्रवृत्ति अपनाते और अपने को संगठित कर नवीनतम हथियारों से लैस कर लेते और फिर बाद में तो निहत्थे अश्वेतों ने ही श्वेतों को खदेड़ दिया तब श्वेत श्रेष्ठता कहाँ गयी थी।

मधुमक्खी अभी भी शान्त बैठी जैसे कह रही थी– परोपकार हमारा धर्म है। पेट तो तेरे जैसे भी भर लेते हैं और कायर भी मैं नहीं हूँ क्योंकि तुझ पराक्रमी जितना तो मैं भी कर सकती हूँ। परन्तु सज्जनों के अस्त्र आत्म रक्षा में ही उठते हैं किसी को सताने के लिए नहीं। तू कीचड़ की तरफ ज्यादा रहती है इसलिए कीचड़ उछालने की आदत हो गयी है। तेरी बदतमीजी के कारण ही तू जहाँ जाती है दूषित समझी जाती है। ठेले पर रेवड़ी वाला तेरी वजह से ही तो धुआँ किया करता है।

जल्दी-जल्दी बूंऽऽ बूंऽऽ करके घूमने लगी सुवर्णा का आक्रोश बढ़ गया था जैसे कहने लगी–बन्द कर ये बकवास, वरना खदेड़ना पड़ेगा?

मधुमक्खी की शान्त मुद्रा से लगा जैसे उसने कहा–खम्भे में मुँह अड़ाने लगी खिसियानी बिल्ली।

बूंऽऽ बूंऽऽ करती सुवर्णा मधुमक्खी की ओर बढ़ी जैसे कहने लगी हो–छोटा मुँह और बड़ी बात वह तू ही तो है जो जगह-जगह लूट ली जाती है। मैं तो शान से रहती हूँ। पास से रास्ता भी हो तो बन्द कर देती हूँ। लोग निकलते भी हैं तो डर से भागकर कि कहीं स्वर्ण दीदी की नजर न पड़ जाएँ।

मधुमक्खी की स्थिरता देखकर लगा जैसे उसने कहा–अरे स्वर्ण दीदी की काकी, तेरे लिए तो आतंक ही सब कुछ है। तानाशाही को महत्त्व दे रही हो, ये नहीं मालूम कि तानाशाहों की पूरी परिषद तक को फाँसी का फंदा चूमना पड़ता है। तुम दिन में ही तो नहीं निकलने देतीं मगर रात में क्या होता है? याद करो, रात में तो कपड़े का पलीता बनाकर लोग तुमें जला देते हैं। इसीलिए तो तुम खँडहरों को ज्यादा चुनती हो जहाँ जीवन नहीं होता वहाँ तुम्हारी बहादुरी किस बात की? शान्त दीवारों में तेरा राज किसके ऊपर? कौन है तुझे मानने वाला? क्या है तेरी उपयोगिता?

सुवर्णकाया की बूंऽऽ बूंऽऽ हल्की होने लगी थी जैसे उसके पास अपने गुण बताने के लिए कुछ बचा नहीं था इसलिए दार्शनिक मुद्रा में जैसे कहने लगी–रूप के प्रति आकर्षण प्रकृति जन्य है। जन सामान्य से लेकर सत्ता की पीठ तक इसका दबदबा है। फिर भी कल्लो (मधुमक्खी) तू अपने गुणों और उपयोगिता का बखान कर रही है।

मधुमक्खी की भिनभिनाहट सांइऽऽ सांइऽऽ में बदलने लगी थी। उसकी सांइऽऽ सांइऽऽ लगातार तेज हो रही थी और सांइऽऽ सांइऽऽ में जैसे उत्तर देने लगी हो—मात्र रूप और बल के आधार पर दुनिया नहीं चल सकती। बल की प्रतीक सत्ता आखिर किसके बल पर चलती है? कौन उसे देता है ताकत? कहाँ से आता है उसका राशन? कहाँ से आते हैं उनके लिए लड़ने वाले सैनिक? कहाँ से आती है पुलिस? और कहाँ चली जाती है शक्ति जब आदमी उतारू हो जाता है विद्रोह पर? और जनता के बगैर तो सत्ता भी नहीं हो सकती। शासक और जनता दोनों अपने-अपने अस्तित्व के लिए एक दूसरे पर आश्रित हैं। इसलिए जो दूसरों पर आश्रित हैं उन्हें शक्तिशाली होने का मुगालता है। शक्तिशाली वही हो सकता है जो सद्कर्मों से लोगों के दिलों पर राज करता हो। मेरा तो धर्म ही परोपकार है, इसलिए लोग मुझे दिल से चाहते हैं। बताओ तुम क्या करती हो लोगों के लिए सिवाय दारुण दुख देने के?

बहू-बेटा

झिलमिलाती दूधिया रोशनी में दुल्हन बनी शोभा अभी आने वाली थी। विवाह हेतु बना मण्डप सज चुका था। बत्तियाँ जल गयी थीं जो अपनी झिलंमिलाहट से अनुपम छटा बिखेर रही थीं। शमियाना, कनातें सभी बहुत सुन्दर थे। स्टेज तो बिल्कुल ऐसा था जैसा पाँच बरस पहले गुड़िया और संतोष की शादी में बना था। ठेकेदार ने गुड़िया को सजावट देखने के लिए कहा और सुझाव माँगते हुए कहने लगा कि कोई कमी रह गयी हो तो बताएँ।

स्टेज देखकर गुड़िया को पाँच बरस पहले का ख्याल आ गया जब वह स्वयं दुल्हन बनकर ऐसी ही स्टेज पर चढ़ी थी और तालियों की गड़गड़ाहट और पुष्प वर्षा के बीच संतोष ने उसे माला पहनायी थी। आज स्टेज पर संतोष नहीं था वह अकेली खड़ी-खड़ी सोच रही थी– आज मेरे साथ संतोष नहीं है, लेकिन उसके दायित्व हैं। संतोष द्वारा छोड़ी गयी सम्पत्ति पर परिवार के अन्य लोगों का अधिकार मानते हुए अपनी ननद की शादी के लिए हाथ खोलकर खर्च करने के लिए तैयार थी। सन्तोष द्वारा छोड़ी गयी गद्दी सँभालने के बाद सन्तोष का जमा हुआ बिजनेस उसने सँभाल लिया था और अपनी कार्य कुशलता से किसी भी प्रकार की गिरावट नहीं आने दी थी। संतोष की जिम्मेदारियों को भी महसूस करते हुए वह स्वयं संतोष बन गयी।

वह सोच रही थी कि संतोष कोई इच्छा जाहिर नहीं कर पाया लेकिन अगर उसे मौत का एहसास हो गया होता तो वह जरूर कहता कि बहन के लिए अच्छा वर ढूँढ़कर शादी करना। पति की इच्छाओं का एहसास करके वह आज सबको बता देना चाहती थी कि भले ही संतोष कुछ कह नहीं पाया लेकिन एक सच्ची जीवनसंगिनी के नाते वह संतोष की इच्छाएँ जानती है और उन्हें हर हाल में पूरा करना चाहती थी।

बेटा चूँकि बुढ़ापे की लाठी होता है इसलिए माँ-बाप को ढाढस देती हुई वह स्वयं उनकी लाठी बन गयी। उसे लगा कि उसका पति यदि होता तो अपने माँ-बाप के सुख-दुख का ख्याल रखता। बहू को समाज में दूसरे दर्जे का नागरिक भले ही समझा जाता हो लेकिन वह आज बता देना चाहती थी कि वह बहू-बेटा है। अपने पति के दायित्वों का निर्वहन करना उसका दायित्व है।

सामान्य औरतों की तरह गुड़िया को भी अपने भविष्य की चिन्ता थी और उसकी माँ, बुआ, फूफा को तो उससे भी ज्यादा। उसके माँ-बाप और सम्बन्धियों को इस बात की चिन्ता थी कि कहीं गुड़िया के सास-ससुर संतोष की सम्पत्ति पर कब्जा न कर लें। वे तो गुड़िया के साथ संतोष की शादी से भी खुश नहीं थे। जब तक संतोष था तब तक तो कोई बात नहीं लेकिन अब उस घर में गुड़िया का निर्वाह कैसे होगा? अपने बेटे की मृत्यु के कारण उसके बूढ़े माँ-बाप (संतोष के) के सामने जो विपत्ति थी उसमें गुड़िया वृद्धि नहीं करना चाहती थी। उसे लगता था कि यह वही माँ-बाप हैं जिनकी बाँहों में मेरा प्यार (संतोष) पला था। उसकी मौत ने हमें अकेला और उन्हें बेसहारा कर दिया है। अन्दर से टूटे सास-ससुर को सँभालने के लिए वह स्वयं अपनी टूटन भूल भूलकर उनका ख्याल करने लगी।

अपने भाई की अकाल मृत्यु पर जो सवाल गुड़िया के माँ-बाप एवं भाभी के सामने आये थे आज वह सब उसके सामने भी आ गये। अन्तर बस इतना था कि भाभी पढ़ी-लिखी नहीं थी इसलिए उसे भाभी को निर्णय लेने में दूसरों की सलाह की जरूरत थी लेकिन बचपन में ही इन परिस्थितियों से गुजर चुकने के कारण गुड़िया के पास समाधान थे। भाई की मृत्यु के बाद भाई की सम्पत्ति के मामले में उठे विवाद पर वह कहती थी जिन माँ-बाप ने अपनी जान छिड़क-छिड़क कर उसे पाला था उनकी दवा इलाज के लिए भी बेटे की सम्पत्ति में से माँ-बाप को कुछ लेने का अधिकार नहीं जबकि उनकी सम्पत्ति में बेटे का पूरा-पूरा हक है। जो लड़की दस दिन पहले उससे शादी करके आयी वह उसके पूरे साम्राज्य की सम्राज्ञी कैसे बन सकती है?

गुड़िया को लगा कि संतोष की सम्पत्ति का हक उसे जरूर है लेकिन उसके उत्तरदायित्वों से भी वह बच नहीं सकती चाहे संतोष के माँ-बाप की देखरेख हो या उसकी बहिनों की शादी आदि।

अपने बच्चों के भविष्य को देखते हुए उसने अपने बैंक खातों में जमा धन सुरक्षित रखने की बजाय बहिन की शादी तथा माँ-बाप के दवा इलाज एवं सुख-सुविधा के लिए भी खर्च करने लगी। मायके की तरफ के रिश्तेदारों की मानने की बजाय वह उन्हें यह कहकर समझाने लगी कि अगर संतोष होता तो वह भी तो शोभा की शादी में खर्च करता। वह भी तो अपने माँ-बाप की दवा कराता। वह भी तो उनकी सुख-सुविधा का ख्याल रखता। आज यदि उसकी सम्पत्ति लेकर मैं बैठ जाऊँ तो उनकी आत्मा को दुःख पहुँचेगा। उसके चले जाने में माँ-बाप का क्या दोष है?

उसके पैदा होने से लेकर उसके बिजनेस स्थापित करने तक तो माँ-बाप ने ही सब कुछ किया था। उसकी शादी के समय संतोष के माँ-बाप द्वारा विरोध किये जाने की बात और संतोष के भाइयों द्वारा उसकी सम्पत्ति हड़पने का डर दिखाते हुए मायके वाले अपने बेरोजगार बेटे को उसकी सहायता के लिए कहने लगे थे। अपने सगे भाई को चोरी की हरकतों में डाँट चुकी गुड़िया समझ चुकी थी कि निःस्वार्थ भाव से काम करने की बातें खोखली हैं।

वह सोच रही थी कि अगर माँ-बाप की सम्पत्ति में बेटा हिस्सा ले सकता है तो माँ-बाप क्या अपनी रोटी की भी अपेक्षा बेटे की सम्पत्ति में नहीं कर सकते?

घर में बहन शादी के लिए है। माँ-बाप पान के पत्ते की तरह देखभाल करके बच्चे पालते हैं और बच्चे जब समर्थ हो जाते हैं तो सिर्फ बहू के हो जाते हैं।

गुड़िया एक बहू की घिसीपिटी भूमिका को नया रूप देना चाहती थी। इसीलिए नयी भूमिका में वह बहू के रूप को प्रस्तुत कर बेटा बन जाती है और संतोष की मृत्यु के बाद मुहल्ले वालों और रिश्तेदारों के सारे प्रश्नों का उत्तर एक साथ देना चाहती थी। कहीं किसी चीज की कोई कमी न रह जाए इसलिए हर काम चौकसी से कर रही थी। पण्डाल में आने वाले हर रिश्तेदार और संतोष के मित्रों को सजावट और अन्य व्यवस्थाएँ दिखाती और उनकी राय पूछ रही थी ताकि समय रहते वह पूरा कर सके। दान दहेज के यद्यपि वह खिलाफ थी लेकिन उपहार के रूप में जरूरत की सभी चीजें दे रही थी।

आज इस चकाचौंध में अकेला पाकर वह ख्यालों में खो गयी। पाँच साल पहले की घटनाएँ एक-एक करके उसकी आँखों के सामने आ रही थीं। व्यस्त रखकर वह उन घटनाओं से बचना जरूर चाह रही थी लेकिन फिर भी बरबस वे सब घटनाएँ उसे याद आती गयीं। कुछ देर के लिए वह तो ख्यालों में इस तरह खो गयी कि खड़े-खड़े बुदबुदाने लगी, लगा जैसे सन्तोष से बातें कर रही हो और सन्तोष की मृत्यु पर उठे तमाम सारे प्रश्नों के उत्तर देने लगी हो।

बारात आ चुकी है ढोल तासे की आवाज सुनाई देने लगी है, कहता हुआ उसका बच्चा काका आ जाता है। लोगों का आना शुरू हो गया और ये क्रम फिर टूटा नहीं। मेहमानों में व्यस्त गुड़िया को अगवानी की रस्म के लिए बहू-बेटा कहकर पिताजी पुकारने लगे।

तेज धूप

रंग-बिरंगे कपड़ों में तिरंगा लिए विभिन्न स्कूलों के बच्चे कदम ताल करते हुए आगे बढ़ रहे थे। तरह-तरह के कार्यक्रम प्रस्तुत करते हुए कलाकारों की टोलियाँ पारंपरिक वेशभूषा में नृत्य प्रदर्शन करते हुए एक के बाद एक आगे बढ़ रही थीं। पुलिस एवं एन. सी. सी. के जवान अपने-अपने कमाण्डर के साथ कदमताल करते हुए सलामी देकर आगे बढ़ रहे थे। सारे शहर की निगाहें आज के इस कार्यक्रम पर लगी थीं। मीडिया के लोग अपने-अपने कैमरों में इस आयोजन की छटाओं को कैद कर रहे थे। कार्यक्रम के ये दृश्य चन्द्रसेन ने बचपन से ही देखे थे परन्तु इस बार के कार्यक्रम की छटायें उसको ज्यादा लुभावनी लग रही थीं। लुभावनी लगती भी क्यों न इस बार गणतंत्र दिवस पर पुरस्कृत किये जाने वालों में उसका नाम जो है।

फोटो सैशन के लिए आगे आये कैमरामैन कहीं उसकी तस्वीर लिए बगैर आगे न बढ़ जाएँ इसलिए चन्द्रसेन अपनी कुर्सी से उचककर कैमरों के सामने आ जाता था। जब ग्रुप फोटो लिया गया तो वह खड़ा हो गया। कैमरामैन एक-एक करके अलग-अलग लोगों से बातें कर रहा था। वे अलग-अलग लोगों की कहानियाँ बना रहे थे।

चन्द्रसेन अपनी बारी का इंतजार कर रहा था जब उससे पुरस्कृत किये जाने का कारण पूछा गया तो उसने बताया—रामलाल नाम के एक व्यक्ति की उसने जान बचायी थी। रामलाल के ऊपर मधुमक्खियों ने बुरी तरह आक्रमण कर दिया था। रामलाल का चेहरा बिल्कुल भी दिख नहीं रहा था। मधुमक्खियों के काटने से वह तड़प रहा था, मुँह खोलकर चिल्लाने पर कुछ मक्खियाँ उसके मुँह में भी प्रवेश कर गयी थीं। वह बेहोश होकर गिर गया था।

शहद के लिए छत्ता तोड़ना यद्यपि रामलाल के लिए कोई नई बात नहीं थी; वह अपने जीवन में न जाने कितने छत्ते तोड़कर उनका शहद बेच चुका था। शुरू-शुरू में तो वह छत्ते पर पानी छिड़कता था। एक कण्डे (गोबर का उपला) को छोटे चुकट्टे (सकोरा) में ले जाता था। पेड़ की ऊँचाइयों पर लगे छत्ते को तोड़ लाता था। मधुमक्खियाँ भिनभिनाने के सिवाय और कुछ नहीं कर पाती थीं, मक्खियों का भिनभिनाना रामलाल के लिए संगीत बन चुका था।

छत्ता तोड़ना उसके लिए एक छोटा-सा खेल मात्र था। बड़ा छत्ता देखकर तो उसे छोटे-मोटे खतरे भी दिखाई नहीं देते थे। मक्का के भुट्टे की तरह वह मधुमक्खी के छत्ते को बड़ी आसानी से तोड़ लाता था। खतरे से खेलना जैसे उसकी आदत बन गयी थी। छोटी-छोटी चीजों के लिए बड़े-बड़े खतरे उठाना उसके लिए एक सामान्य बात थी। वह यह भी जान चुका था कि पहरेदार मक्खियाँ ही काटने के लिए दौड़ती हैं। छत्ते में शहद की अड़िया (छत्ते का वह भाग जिसमें शहद होता है) कहाँ होती है वह जान चुका था। पूरे छत्ते की बजाय उसी अड़िया को वह तोड़कर निकाल लेता था। मक्खियाँ भिनभिनाती रहती थीं, वह छत्ता लेकर निकल जाता था।

रामलाल जान चुका था कि वसंत की मादकता जब अन्तिम चरण में होती है तब मधुमक्खियाँ छत्तों का निर्माण करती हैं। वे फूलों का रस चूस-चूस कर अपने छत्तों में इकट्ठा करती हैं। इस समय वे प्रजनन प्रक्रिया में आ जाती हैं। इसलिए पेड़ों और खँडहरों में उनके छत्ते लटकने लगते हैं।

मधुमक्खियों के बारे में सब कुछ जानने वाले रामलाल को अपनी नियति के बारे में कुछ भी मालूम नहीं था। वह तो खुरपी लेकर घास छीलने के लिए निकला था। धूप की तेजी के कारण पेड़ के नीचे सुस्ताने आ गया था। निकट में ही हो रही वाहन चैकिंग देखने लगा था। गाड़ी वाले जो कभी उसके रोकने पर नहीं रुकते थे, वे यहाँ डर के मारे दूर से ही कन्नी काट रहे थे। कोई गाड़ी रोककर घूमने लगता, कोई मटर के खेत में बैठकर फलियाँ खाने लगता। चैकिंग वाले सिपाही जब उनके पास जाते थे तो चालक खेत में काम करने वालों में मिल जाता और पूछने पर पास के गाँव में रहने वाला बताने लगता। सिपाही रामलाल से पूछकर साबित करते कि संदिग्ध चालक उसके गाँव का है या नहीं। रामलाल को इस खेल में बड़ा मजा आ रहा था, वह सिपाहियों के साथ इतना हिलमिल गया था कि इशारे से बताने लगा कि कौन चालक किस गाड़ी का है।

रामलाल चैकिंग के इस खेल में आनन्द ले ही रहा था कि अचानक मधुमक्खियों का एक दल भिनभिनाता हुआ उसके ऊपर चक्कर काटने लगा। सिपाही मक्खियों के आतंक को भाँपकर गाड़ी में बैठ गये और दरवाजे बन्द करके शीशे से देखने लगे। देखते ही देखते रामलाल मधुमक्खियों के बड़े छत्ते जैसा लगने लगा। पहले तो चीखने की आवाज आयी पर बाद में आवाज कम होती चली गयी।

मक्खियाँ उसके मुँह में भी घुस गयी थीं।

मधुमक्खियों का आक्रमण किसी जेहादी आक्रमण से कम नहीं था। मधुमक्खियाँ जैसे रामलाल को उसकी शक्ल से पहचान गयी थीं। आज यद्यपि उसने उन्हें छेड़ा नहीं था लेकिन न जाने कहाँ से उसे खोजती हुईं वे वहाँ पिछला हिसाब बराबर करने के लिए आ गयी थीं। बार-बार छत्तों को तोड़ लेने में दक्षता हासिल कर चुका रामलाल स्वयं छत्ता बना लाचार पड़ा था, उसकी गुहार सुनने वाला भी उसे बचा पाने की हिम्मत नहीं जुटा पा रहा था। मक्खियों की प्रचण्डता से लग रहा था कि बचाने वाले की भी खैर नहीं है।

रामलाल को तड़पते देखकर चन्द्रसेन सोचने लगा कि चन्द्रमा पर कदम रख लेने वाला इंसान छोटी-छोटी मक्खियों के आगे कितना असहाय है। शायद एकता में यही शक्ति है। बार-बार जिनका घर उजाड़ दिया गया हो उनका खूँखार हो जाना स्वाभाविक ही है।

मक्खियाँ किसी भी दरार से अन्दर प्रवेश कर सकती हैं; इस डर से डरे एक सिपाही ने वहाँ से भाग लेने की सलाह दी। दूसरे ने कहा कि यदि गाड़ी स्टार्ट करके क्लच लोगे तो क्लच के छेद से वे घुस आएँगी और एक तरफ खिड़की का जो शीशा थोड़ा टूटा है वहाँ से भी। वे इतने डरे हुए थे कि टूटे हुए शीशे पर कपड़ा लगाना भी भूल गये। मक्खियों का प्रवेश गाड़ी में होने लगा। आतंक का वातावरण अन्दर भी बन गया था। मक्खियों का जमावड़ा आगे विन्ड स्क्रीन पर इस प्रकार हो गया था कि आगे कुछ भी दिखायी नहीं दे रहा था। रामलाल की चीखें सुनकर इस हालत में छोड़कर जाना भी मानवता के विरुद्ध था, विण्ड स्क्रीन को घेर लेने के कारण गाड़ी को आगे चलाना भी खतरे से खाली नहीं था। चैकिंग बन्द हो चुकी थी। सिपाही गाड़ी के अन्दर हो गये थे इसलिए पीछे से आने वाली गाड़ी रुके बगैर निकलती चली जा रही थीं। साइलेंसर से निकले धुएँ से उड़ी मक्खियों को देखकर चन्द्रसेन समझ गया धुएँ से मक्खियाँ उड़ सकती हैं। उसने कभी एक बहेलिये को खँडहर में लगे छत्ते को तोड़ने के लिए एक छोटी-सी हड़िया (घड़ा) में अधजले कण्डे का धुआँ करते देखा था।

मक्खियों के आक्रमण से अपनी जान की परवाह किये बगैर चन्द्रसेन सड़क की ओर जब दौड़ा तो पास के खेत पर कलेवा लेकर आयी उसकी माँ चिल्लायी लेकिन चन्द्रसेन सड़क के किनारे पहुँचकर खड़ा हो गया। लाल रंग का स्वेटर जो तेज धूप के कारण चन्द्रसेन ने हाथ में ले रखा था, को हिलाहिलाकर गुजर रही गाड़ियों को रोकने लगा, जब गाड़ी नहीं रुकीं तो वह सड़क के बीच में आ गया और आती गाड़ियों को रोकने लगा। सड़क के बीच में खड़ा देखकर चन्द्रसेन की माँ चिल्लाने लगी लेकिन चन्द्रसेन गाड़ियाँ रोकने में लगा था। उसने पहले कभी ऐसी हरकत नहीं की थी इसलिए माँ को बहुत चिन्ता हुई। वह चन्द्रसेन की ओर दौड़ी तो

खेत में काम करने वाले लोग खड़े हो गये। वे समझ नहीं पा रहे थे कि चन्द्रसेन को अचानक क्या हो गया। किसी ने कहा बच्चा है। दूसरे ने कहा बच्चे तो शरारत करते ही हैं। तीसरे ने कहा माँ-बाप ने ज्यादा छूट दे रखी है। गाड़ी रोकते हुए बच्चे को देखकर चालक बचाकर निकाल लेते थे लेकिन बीच सड़क पर आ जाने से जो गाड़ी धीमी हुई उसके चालक से उसने कहा बचा लो भैया, बच्चे की बात सुनकर चालक ने गाड़ी रोकी तो चन्द्रसेन ने रामलाल की ओर इशारा करते हुए कहा–अपनी गाड़ी का धुंआ कर दो तो मक्खियाँ भाग जाएँगी, वह बच जाएगा। चन्द्रसेन की बात चालक की समझ में आ गयी। उसने अपनी केबिन के शीशे बन्द करके गाड़ी पीछे की और रामलाल की ओर साइलेंसर करके तेजी से एक्सीलरेटर दबाकर हुर्र-हुर्र करने लगा। धुएँ से मक्खियाँ भागने लगी। गाड़ी का धुआँ चारों ओर छा गया। कुछ ही देर में मक्खियाँ गायब हो गयीं।

विण्ड स्क्रीन से मक्खियों के गायब होते ही अन्दर बैठे लोगों को जब चन्द्रसेन दिखाई दिया तो वे सब उसके साहस से आश्चर्यचकित थे। कुछ मक्खियाँ अभी भी रामलाल के ऊपर मँडरा रही थीं। इसलिए पुष्पसेन ने उन्हें उड़ा दिया। अचेत हो गये रामलाल को अपनी गाड़ी में लेकर अस्पताल पहुँचाया जहाँ उपचार के बाद वह ठीक हो गया। चन्द्रसेन की बहादुरी के लिए पुष्पसेन ने जिलाधिकारी को बताया, प्रेस कान्फ्रेंस में घटना की चर्चा हुई, जनसामान्य में साहस और जानकारी का संचार करने के लिए पत्रकारों ने इस खबर को प्रमुखता से छापा और पुरस्कार की माँग की थी।

नैनसन पासपोर्ट

विक्टोरिया कोच स्टेशन लंदन के प्रतीक्षालय में बैठी युवती को देखकर उसे पहचानने में सलिल को देर न लगी कि लड़की वही है जो परसों उसे मेडम टुसाड म्यूज़ियम में दिखायी दी थी। युवती अमेरिका के राष्ट्रपति बिल क्लिंटन के मोम से बने बुत के साथ फोटो खिंचाने के लिए इस युवक से अनुरोध कर अपना कैमरा पकड़ा रही थी। उसकी भाषा और चेहरे के भूगोल से लग रहा था कि वह बंगाली है। उसके बाल घने काले रंग के थे। छरहरे बदन और यौवन की दहलीज पार कर चुकी ये युवती आसमानी नीले रंग की जीन्स, जैकिट और किरमिच के जूते पहने थी। अपनी वेश-भूषा और शरीर के कारण एथलीट-सी लग रही थी। आभूषण के नाम पर उसने गले में सफेद रंग का क्रॉस पहन रखा था। उसकी कजरारी बड़ी-बड़ी आँखें झील जैसी गहराई लिए हुए थीं, हँसने पर हल्के लाल होठों के बीच दिखते दूधिया दाँत और चलने पर बलखाती कमर वाली ये युवती मेघदूत की यक्षिणी-सी लग रही थी।

घूर-घूर कर किसी चेहरे को खोजता युवक जो युवती की तरफ बढ़ रहा था उसका चेहरा मेडम टुसाड संग्रहालय में फोटो खींचने वाले युवक के चेहरे से मेल खाता था, सामने आते ही जब उसने लम्बे-लम्बे कदमों के साथ अपनी बाँहें फैला दीं तो युवती ने भी उठकर अपनी बाँहें फैला दीं। देखते ही देखते वे दो जिस्म एक जान लगने लगे। चिपके-चिपके ही दोनों एक-दूसरे की पीठ थपथपाने लगे।

टिकट के लिए लगी कतार धीरे-धीरे आगे बढ़ रही थी। युवक ने कुछ तस्वीरें निकालीं और युवती को दिखाने लगा और फिर दोनों उन्हीं तस्वीरों में खो गए। अपने-अपने कैमरों में कैद तस्वीरों को दिखाकर उन्होंने बीते दिनों की अनुपम छटाओं को एक बार फिर एक-दूसरे के उनके सामने ला दिया। टेम्स नदी में मोटर वोट पर बैठकर की गई सैर के दृश्य उनके सामने थे। टिकट वालों की कतार आगे

बढ़ गयी थी। वे दोनों वहीं खड़े थे। भौचक्के से अपनी-अपनी टिकट लेने के लिए वे अचानक आगे बढ़े। युवती आगे टिकट ले रही थी। युवक तस्वीरें सुरक्षित रख रहा था।

टिकट की खिड़की पर बैठी महिला बुकिंग क्लर्क ने जब युवती को पासपोर्ट एवं वीजा दिखाने को कहा, युवती ने अपना पासपोर्ट आगे बढ़ाया, सही पहचान के लिए उस क्लर्क ने अपने सहकर्मी का सहारा लिया और जाँचोपरान्त टिकट दे दी। युवती टिकट लेकर कोच की तरफ चली गयी जहाँ चालक गाड़ी की डिक्की में यात्रियों का सामान रखवा रहा था।

नेक्स्ट प्लीज की आवाज पर युवक आगे बढ़ा और पासपोर्ट एवं वीजा माँगे जाने पर अपना पासपोर्ट आगे बढ़ाया, महिला क्लर्क उलट-पुलट कर देखती रही और फिर टिकट जारी कर दिया। युवक कोच का अन्तिम यात्री था, उसका सामान रखते ही चालक ने डिक्की बन्द कर दी। डिक्की बन्द होते ही लोग अन्दर दाखिल हो गये। अन्दर का तापमान सुखद था। अपनी जैकिट उतारते हुए युवक युवती के बराबर में बैठ गया।

कोच अपने गंतव्य पेरिस की ओर बढ़ रही थी। अन्दर बैठे यात्री नींद के हिंडोले में हिचकोले लेते हुए सुन्दर सपनों में खोये लोग कोच में अचानक कुछ लोगों के चढ़ आने पर जाग गये। ये सब आब्रजन अधिकारी थे जो कोच में बैठे लोगों के पासपोर्ट वीजा चैक करने आये थे। अन्तिम सीट पर आते ही युवक ने अपना पासपोर्ट दिखाया, पासपोर्ट पर नैनसन पासपोर्ट लिखा था। अधिकारियों के चले जाने पर कोच फेरी में जाने के लिए 'डोबर' पोर्ट पर इन्तजार करने लगी।

नैनसन लिखा पासपोर्ट देखकर युवती समझ गयी थी कि उसके साथ चल रहा युवक भी शरणार्थी है जो उसकी तरह ही परेशानियों का शिकार रहा होगा। यह सोचते ही उसके सामने आ गया वह दृश्य जब उसके पिता युद्ध के दौरान उसे लेकर घर से निकल आए थे। कई दिनों तक लगातार चलते रहे थे। न खाने का इन्तजाम, न रहने का ठिकाना, ऊपर से कड़कड़ाती सर्दी। कच्चे रास्ते, नदी, नाले कैसे पार किए थे पिता ने। बसा-बसाया घर उजड़ गया था। रोटी पानी की तकलीफें तो अपने घर पर भी थीं, लेकिन एक छत तो थी जिसे हम अपनी छत कहते थे। गाँव का वातावरण परिवार जैसा था फिर भी जान है तो जहान है। गाँव के मुखिया पहले ही अपने बच्चों को लेकर कलकत्ता चले गए थे। गाँव के फौजी छावनी में बदल चुकी अपनी सरहद पर लगातार हो रही गोलाबारी से भयभीत थे। वे धीरे-धीरे अपनी-अपनी रिश्तेदारियों में खिसकने लगे थे। घर के पास ही जब एक गोला फटा था तो वह चौंककर रो पड़ी थी। जिधर उसके खेत थे उधर फ़ौजी हलचल इतनी थी कि निकलना मुश्किल था। रास्ता जिधर मिला उधर से निकलते हुए वे कलकत्ता पहुँचे थे।

कलकत्ते का दृश्य सामने आते ही उसे एक घटना ने दहला दिया जब चौराहे पर वह एक मोटर के नीचे आते-आते बची थी। उसका अँगूठा दब गया था। चौराहे की बत्ती हरी हो चुकी थी। गाड़ी वाले ने गाड़ी स्टार्ट कर ली थी। एक लड़के ने चिल्लाकर उछलते हुए कहा था गाड़ी पीछे करो, पीछे करो वरना मर जाएगी, गाड़ी तो पीछे हुई लेकिन पैर कुचल गया था, अपनी पीठ पर लाद कर वह लड़का उसे पास के अस्पताल में ले गया था और माँग-माँग कर इकट्ठे किये अपने पैसों से उसकी मरहम पट्टी करवाया था। होश में आने पर उसने जो चेहरा देखा था वह चेहरा उसके सहयात्री युवक जैसा ही था।

'ह्वियर आर यू लोस्ट' कहते हुए युवक ने चुप्पी तोड़ी तो वह युवती आँखें फाड़-फाड़कर युवक को देखने लगी। अपना पैर देखा तो हल्का निशान दिखाई दिया। उसे लगा शायद ये वही लड़का है जो अपनी पीठ पर लादकर उसे अस्पताल ले गया था। वह उस युवक के बारे में जानने के लिए आतुर थी। चैकिंग के दौरान युवक की नजर भी युवती के पासपोर्ट पर पड़ गयी थी। नैनसन पासपोर्ट देखकर युवक साफ-साफ समझ गया था कि ये युवती भी उसकी तरह ही शरणार्थी है।

उसके अतीत के बारे में कुछ भी पूछकर युवक उसके जख्मों को हरा नहीं करना चाहता था। बाकी बचे रास्ते को उसके साथ गपशप करके खुशनुमा बनाना चाहता था।

शरणार्थियों की दिक्कतों पर दोनों चर्चा करते-करते इतने गम्भीर हो गये कि उनकी संवेदनाएँ उनके पूरे व्यक्तित्व पर हावी हो गयीं। उन्हें अपना-अपना बचपन याद आ गया। वे एक-दूसरे को अपनी-अपनी कहानी बताने लग जाते हैं।

गहरी साँस लेते हुए युवक बताने लगा—जब वह चार वर्ष का था, दादा के साथ सो रहा था अचानक एक धमाका हुआ। धरती हिल गयी। क्षण भर में उसका घर ताश के पत्तों की तरह बिखर गया। माँ, पिता और छोटी बहन उसी में दबकर मर गए। दादी पहले ही गुजर गयी थी। दादा मुझे लेकर किसी तरह कलकत्ता पहुँचे। वहीं फुटपाथ पर मेरा बचपन बीता। यू. एन. एच. सी. आर. के सम्पर्क में आया। कुछ पढ़ना-लिखना सीखा। हमारा अपना कोई देश नहीं है। अब मैं मात्र एक इंसान हूँ भाषा, धर्म, और देश की सरहदों के ऊपर।

इंसान की अस्मिता उसकी इंसानियत में है। इंसानियत तो धर्म, क्षेत्र और भाषा से ऊपर है। इंसान ने ही अपनी सुविधा के लिए उन्हें बनाया है। घर, गाँव, शहर, देश, धर्म आदि सब इंसान के लिए ही हैं। अगर सभ्यता का विकास सभ्यता को विनाश की ओर ले जाएगा तो फिर उसे सभ्यता कहना भी गलत होगा।

चिड़ियों की चहचहाहट के साथ भोर की लाली देखकर दोनों बाहर की तरफ देखने लगे। उनके अपने जीवन के सवेरे में भी सुबह की अरुणिम ऊष्मा आने लगी थी। अपने सम्बन्धों में आयी ऊष्मा को आगे भी बनाए रखने के लिए वे अपने-अपने

विजिटिंग कार्डों का आदान-प्रदान करने लगे। एक बार जान बचाने वाले देवदूत को पाकर युवती फिर खोना नहीं चाहती थी। उसकी स्मृतियों में आया बचपन वाला चेहरा साफ हो गया था। उसकी आँखों में लड़के का छोटा-सा चेहरा इस युवक के चेहरे से मिल गया। निरन्तर आँखें गढ़ाये देख रही युवती जान चुकी थी कि यह वही देवदूत है जिसने बचपन में कार के नीचे आने से उसे बचाया था। कोच स्टेशन पेरिस पर पहुँचते ही दोनों एक-दूसरे की बाँहों में आ गये और दीर्घ चुम्बन लेते हुए अपने अतीत और भविष्य में खो गये। सभी यात्री अपना-अपना सामान लेकर मैट्रो प्लेटफॉर्म की ओर बढ़ रहे थे। कोच ड्राइवर बाकी बचे दो थैलों के लिए आवाज लगा रहा था।

ईंटों का परदा

ढेर सारी झुर्रियों में ढेर सारी कहानियाँ छिपाये काका करीम अखबार में छपी एक तसवीर को काफी देर तक देखते रहे। गुमशुदगी से परेशान उनकी पत्नी जेबा ने अखबार के पन्ने पलटे और कोई खास खबर न पाकर कहा– 'अखबार में ऐसा क्या छपा कि आप घण्टे भर से एक ही मुद्रा में बैठे हुए हैं। डॉक्टर के यहाँ जाने की बात भी भूल गये?'

जेबा! गहरी साँस लेते हुए करीम ने कहा– पहले पन्ने पर जो दीवार टूटने की खबर के साथ-साथ टूटी हुई दीवार की तसवीर छपी है वह पूरे एक युग की कहानी कहती है। द्वितीय विश्व युद्ध के बाद जर्मनी की बदकिस्मती की कहानी।

ये वही दीवार है जिसे रूस ने बर्लिन ब्लोकेड के बाद बनवाया था। दरअसल द्वितीय विश्व युद्ध के समय जब मित्र देशों की सेनाएँ चारों ओर से आक्रमण करती हुई जर्मनी में घुसी थीं तो तत्कालीन पूर्वी जर्मनी तत्कालीन सोवियत रूस के कब्जे में और तत्कालीन पश्चिमी जर्मनी अमेरिका, फ्रांस और इंग्लैण्ड के कब्जे में आ गयी थी। जर्मन सेनाओं ने समर्पण कर दिया था। हिटलर ने आत्महत्या कर ली थी।

बर्लिन शहर को मित्र देशों ने चार भागों में बाँट लिया था लेकिन रूस के अलावा अन्य तीनों देशों के कब्जों का एकीकरण एक प्राधिकरण के अन्तर्गत हो गया था जिसके विरोध में रूस ने बर्लिन जो रूस अधिकृत पूर्वी जर्मनी में पड़ता था, को घेर लिया था और बाद में एक दीवार खड़ी कर दी। पश्चिमी बर्लिन समेत पश्चिमी जर्मनी (रूस के अतिरिक्त शेष तीनों देश फ्रांस, इंग्लैण्ड एवं अमेरिका द्वारा अधिकृत पश्चिमी जर्मनी) को फैडरल रिपब्लिक ऑफ जर्मनी जिसकी राजधानी बोन में बनी, और बर्लिन राजधानी वाली रूस अधिकृत जर्मनी डिमोक्रेटिक रिपब्लिक ऑफ जर्मनी।

पूँजीवादी खुलेपन की मान्यताओं में पले जो लोग सर्वहारा अधिनायकत्व की विचारधारा के साथ सामंजस्य स्थापित नहीं कर पा रहे थे वे और कुछ वे जो आर्थिक दवाब महसूस कर रहे थे वे चोरी छिपे एस्केप रूटों से पश्चिमी जर्मनी जाने लगे थे। लौह पर्दे की परम्पराओं में विश्वास रखने वाले सोवियत रूस ने जर्मन लोगों का पलायन बन्द करने के उद्देश्य से 1961 में बर्लिन की दीवार 'बर्लिन वाल' बनवा दी। बर्लिन की छाती पर खड़ी की गई दीवार ने बर्लिन के जिगर को बाँट रखा था, अपनी किस्मत पर रोते बर्लिन शहर के जख्मों के सूखने की नौबत आई भी तो शीतयुद्ध के बादलों ने फिर हरा कर दिया। अपने शहर के दूसरे हिस्से में बसे अपने प्रियजनों से मिलने के लिए लोग तरस गये। बीमार माँ-बाप बच्चों से मिलने के लिए तड़प-तड़प कर मर गये। अनगिनत दिलों में पले प्यार के किस्से अधूरे रह गये। तीस वर्ष तक खून के आँसू बहाती बर्लिन की गलियों में आज रौनक लौटी है। मेरी आँखों ने वह मंजर भी देखा था और ये आज की तसवीर भी।

द्वितीय विश्व युद्ध में ब्रिटिश इम्पीरियल सेना में होने के कारण मैं और मेरा एक साथी अमरिन्दर बर्लिन तक गये थे। अमरिन्दर गम्भीर रूप से घायल हो गया था। रेडक्रास वाले उसको उठा ले गये थे। बर्लिन के जिस हॉस्पिटल में वह भर्ती रहा था वहाँ एक नर्स से उसकी आँखें चार हो गई थीं।

युद्ध समाप्ति के बाद हम दोनों वापस भारत आ गये थे। अमरिन्दर मेरे साथ वापस जरूर आ गया था लेकिन उसका दिल वहीं रह गया था। वैण्डी जोन्सन नाम की उस नर्स के पास, जिसने अपने कोमल हाथों से उसकी मरहमपट्टी की थी और निराशा के क्षणों में उसका मनोबल बढ़ाया था। सात समुन्दर पार अपने घर जैसा अपनापन वह कभी भूल नहीं पाया। जब भी फुरसत के क्षणों में होता था तो किसी न किसी बहाने वैण्डी का जिक्र जरूर छेड़ देता था। वैण्डी भी शायद अमरिन्दर को कभी भूल नहीं पायी इसीलिए उसके खत बराबर आते रहे। दो देशों की इतनी बड़ी दूरी उन्हें कभी दूर नहीं कर पायी। अमरिन्दर को मेडिकल बोर्ड ने अनफिट करके रिटायरमेंट दे दिया था। रिटायरमेंट मिलने से तो जैसे उसकी मुँह माँगी मुराद पूरी हो गयी। वह वापस वैण्डी के पास चला गया और बाद में अमरिन्दर ने उससे शादी कर ली।

अमरिन्दर और वैण्डी की पुत्री लिण्डा का भारत से बहुत लगाव था। वह जब यहाँ आयी थी तब उसने ही बताया था कि उसके पैदा होने पर वैण्डी के पिता जो पूर्वी बर्लिन में रहते थे अपनी धेवती को देखने नहीं आ पाये थे। बहुत सारी पाबन्दियाँ थीं पूर्वी बर्लिन से पश्चिमी बर्लिन जाने के लिए कुछेक एस्केप रूट थे भी वह बहुत जोखिम भरे हुए थे। सैनिकों का जबरदस्त पहरा रहता था। पकड़े जाने पर वे बड़ी कड़ाई से पेश आते थे। वैण्डी अपने माँ-बाप की इकलौती सन्तान थी, उसके पिता उसे बहुत स्नेह करते थे। वैण्डी के माँ बनने पर उसकी देखभाल के लिए पश्चिमी

बर्लिन स्थित वैण्डी के घर आना चाहते थे। इसलिए एस्केप रूट से आने की कोशिश कर रहे थे लेकिन गश्त कर रहे सैनिकों ने बेरहमी से उन्हें पीटकर वापस कर दिया।

वैण्डी के पिता जब स्वयं बीमार पड़े थे तो रैडक्रास टीम के साथ वैण्डी उन्हें देखने पहुँची थी। उनकी हालत बहुत खराब हो चुकी थी। वैण्डी की माँ की मृत्यु के बाद उनकी देखभाल के लिए वैण्डी ही तो थी जो उन्हें समय पर खाना, पानी, दवा आदि दे सकती थी। अस्पताल के लोग अच्छी देखभाल भले ही कर लें लेकिन अकेलेपन की दवा उनके पास भी नहीं होती? कौन समझाये बेरहम निर्णय लेने वालों को और कौन समझा पाएगा हुकुम के गुलाम उन सैनिकों को? एस्केप रूटों से जो लोग चोरी छिपे पश्चिमी बर्लिन भाग जाते थे, उन्हें भी रोकने के लिए दीवार बना दी।

रेडक्रास के परमिट पर वैण्डी अपने पिता को कई बार देख आयी थी। लेकिन पिता उसके घर आकर अपनी धेवती और दामाद से मिलने नहीं आ पाये थे। वे दोनों भी नहीं जा सकते थे। वैण्डी को अपने पिता के हालचाल अपने सहकर्मियों से मिल जाते थे लेकिन जिन लोगों के पास रेडक्रास परमिट आदि नहीं थे वे अपने परिजनों से मिलने की तमन्ना भी पूरी नहीं कर सकते थे।

पश्चिम के खुले वातावरण में घूमने के लिए पूर्वी जर्मनी के लोगों का पलायन किसी न किसी रूप में होता रहा, सोवियत रूस की बिगड़ती आर्थिक हालत और पश्चिमी दुनिया के साथ सुधरे सम्बन्धों के कारण पहरा हल्का हुआ। मौका पाकर लोगों ने जगह-जगह दीवार में छेद कर दिये और लोग उन्हीं से निकलकर पश्चिमी बर्लिन की ओर निकलने लगे।

बदलते परिवेश में अपने को फिट करने के लिए रूस ने भी ग्लासनोस्ट (खुलापन) और पेरेस्त्रोइका (पुनर्गठन) की नीति अपनाकर अपना ध्यान पुनर्गठन पर दिया। शीतयुद्ध में हुई बेतहाशा हथियारों की वृद्धि ने पूरी दुनिया के अस्तित्व पर प्रश्नचिह्न लगा दिया था। हथियारों पर हुए खर्च के कारण दैनिक उपभोग की चीजें मुश्किल हो गयी थीं।

टूटे हुए दिलों की दुआएँ आखिर रंग लाने लगीं। नवें दशक के अन्त तक बर्लिन की दीवार में अनगिनत सेंध लग चुके थे। छिद्रों के माध्यम से आवाजाही सामान्य-सी बात हो गयी थी। वियोग में तड़पते लोग लम्बी अवधि के बाद मिलने लगे थे। दीवार की उपयोगिता रूस के लिए भी समाप्त हो चुकी थी। बर्लिन की दीवार की ही तरह गणतांत्रिक समाजवादी सोवियत संघ (यू. एस. एस. आर.) भी विघटन के कगार पर था। परिस्थितियाँ बदलीं और आज ईंटों का परदा बनी वह दीवार भी गिर गयी, पूर्वी और पश्चिमी बर्लिन अब बर्लिन हो गये।

जंगल के कायदे

चिड़ियाघर में आज़ पहले की तरह की चहल-पहल नहीं थी जानवरों का स्वास्थ्य परीक्षण हो रहा था। कई जानवरों के अचानक बीमार हो जाने से पूरे चिड़ियाघर में बेचैनी का वातावरण पैदा हो गया। शेरों के स्वास्थ्य में अपेक्षाकृत अधिक गिरावट आ गयी थी। चिड़ियाघर प्रशासन चलता-फिरता नजर आ रहा था। कर्मचारियों से अलग-अलग पूछताछ हो रही थी। इन्फेक्शन रोकने के लिए आने-जाने वालों को एण्टीसेप्टिक सोलूसन की नाली में जूते छुआते हुए गुजारा जा रहा था। जो जानवर बीमार थे उन्हें वैटनरी स्टाफ के लोग अलग पिंजड़ों में सुरक्षित क्षेत्रों की ओर ले जा रहे थे। जानवरों के खाने की चीजों में प्रिवेण्टिव मेडिसिन मिलाने के लिए निर्देश दे दिये गये थे। कुछ क्षेत्रों में पानी में लाइम डाला गया था। कहीं-कहीं पानी बदला जा रहा था। चारा लाने वाली बुग्गी में जोते गये भैंसे को पहले की भाँति अन्दर आने से रोक दिया गया था। टी. बी., एन्थ्रेक्स एवं खुरपका जैसी लगनी (संक्रमणीय) बीमारियों की दवाइयों को उपलब्ध रखने के लिए वैट स्टोर को निर्देशित कर दिया गया था।

बचाव और इलाज का पूरा बन्दोबस्त कर दिया गया था। पूर्व में आई महामारियों से सम्बन्धित पत्रावलियाँ निकालकर पढ़ी जा रही थीं। दस वर्ष पहले आयी महामारी के सम्बन्ध में वन्य जीव संरक्षक ने वन्य जीवों के वातावरण पर अधिक जोर देते हुए लिखा था– "खुली हवा में विचरण करने वाले वन्य जीवों की समाप्तप्राय प्रजातियों को प्राकृतिक वातावरण एवं संरक्षण प्रदान कर उनकी संख्या में वृद्धि करने की आवश्यकता है। प्राकृतिक वातावरण के अभाव में अधिकांश प्राणियों की प्रजनन शक्ति क्षीण हो जाती है। विकास अवरुद्ध हो जाता है, बीमारियाँ घेरने लगती हैं और संक्रामक रोग हो जाने पर महामारी फैल जाती है। अतः वन्य प्राणियों को उनके प्राकृतिक वातावरण में रखना नितान्त आवश्यक है। अतः जन सामान्य

को पारिस्थितिकीय संतुलन का महत्त्व समझाने और उन्हें वन्य जीवों से परिचित कराने के लिए स्थापित चिड़ियाघरों में जानवरों को भले ही जंगल के मुकाबले छोटे क्षेत्र में रखा जाय लेकिन उनका वातावरण जंगलों जैसा ही रखा जाय।

अत्यधिक आजादी देने का विरोध करते हुए श्रीनिवास नामक कर्मचारी ने कहा—चिड़ियाघर और जंगल में कुछ फर्क भी तो होना चाहिए। अत्यधिक आजादी देने से बड़े जानवर छोटे जानवरों को खा जाएँगे और उनकी हिंसक प्रवृत्ति बढ़ जाएगी। चिड़ियाघर दर्शकों एवं कर्मचारियों के लिए भी सुरक्षित नहीं रह जाएगा।

दिलावर नामक कर्मचारी कई जानवरों के हिंसक हो जाने की खबर पहले ही दे चुका था। पिछले माह ही सुजान नामक कर्मचारी पर शेर ने हमला कर दिया था। इससे पहले कैलाश घायल हो गया था। संयोगवश क्योरेटर नैनन मौजूद थे, उन्होंने किसी तरह कैलाश को बचा लिया था।

प्राकृतिक वातावरण की कमी के कारण ही जानवर चिड़चिड़े और हिंसक हो जाते हैं—क्योरेटर नैनन कहने लगे। आगे उन्होंने कहा—हमें वन्य प्राणियों की आदतों से परिचित होकर भय त्याग देना चाहिए। वन्य प्राणी कई मामलों में आदमी से अधिक खतरनाक नहीं हैं।

वन्य संरक्षक चन्द्र सिंह ग्वाल ने बताया—जंगल के अपने कानून कायदे हैं और जानवर आदतन उनका पालन करते हैं। जंगल के कानून कई मायनों में तो मानव समाज के कानून कायदों से भी अच्छे होते हैं। सारे जानवर मिलजुलकर अपने-अपने सीमा क्षेत्रों में रहते हैं। वे दूसरे की सीमा में घुसपैठ नहीं करते। उनकी सीमा में न कँटीले तार होते हैं और न ही खाई होती है; वे तो इसे कहीं अपनी गंध छोड़कर, कहीं अपने मलमूत्र और कहीं अन्य चिह्न छोड़कर और कहीं प्राकृतिक सीमा को अपनी सीमा बनाते हैं। अपने-अपने सीमा क्षेत्र में रहना समाज का भी कानून है।

जंगल में जानवर अपने उपभोग भर की चीजें उपयोग में लाते हैं बाकी दूसरों के लिए छोड़ देते हैं। शाकाहारी (हर्बीवोरस) और मांसाहारी (कार्नीवोरस) जानवरों को देखें तो कार्नीवोरस भी जब भूखा होता है तभी शिकार करता है वरना मस्त बना रहता है। शिकार भी उतना ही करता है जितने का उपभोग कर सकता है, बर्बादी के लिए नहीं करता। अपना पेट भरने के बाद चील, कौए और गिद्धों के लिए छोड़ देता है जो उसे समाप्त कर देते हैं।

गिद्ध तो कभी अकेले खाता ही नहीं है वह तो अपने कुनबे, खानदान और प्रजाति के सभी पक्षियों को बुला-बुलाकर खिलवाता है। उनकी इस प्रवृत्ति की तुलना अगर हम मानव समाज से करें तो हमें शर्म आ जाएगी।

वन सम्पदा पर तो सभी जानवरों का समान अधिकार है। डार्विन के 'बलवान जीविता सिद्धान्त' के आधार पर यद्यपि उसका उपभोग बलवान जानवर कमजोरों की अपेक्षा अधिक कर लेते हैं। मानव समाज में भी कमाबेश यही स्थिति है। पुलिस,

प्रशासन, न्यायालय आदि के होते हुए भी कमजोर व्यक्ति समाज की सम्पत्ति का उपभोग सबल व्यक्ति के समान नहीं कर पाता।

मानव समाज में भी बलवान जीविता का सिद्धान्त सर्वत्र व्याप्त है। कानून के रहते कमजोरों को यद्यपि कोई बलवान मारकर नहीं खा जाता लेकिन उन्हें मरे हुए से भी बदतर हालत में जीवित रहने के लिए मजबूर कर देता है। जहाँ तक सुख-सुविधा की बात है तो कानून बलवानों/चालाकों की सुख-सुविधा में व्यवधान डालने वालों को अधिक रोकते हैं।

जंगल में जानवर अकारण हमला नहीं करते। जहाँ उन्हें लगता है कि उनको डिस्टर्व किया गया है वहीं हमला करते हैं। वे आस्तीन के साँप तो बिल्कुल भी नहीं होते। जो कर्मचारी उन्हें नियमित भोजन कराते हैं, उनके साथ तो वे मित्रवत व्यवहार करते हैं। जंगल में मानव समाज जैसा विश्वासघात नहीं है।

सहयोग और नैतिकता जंगल में अपने प्राकृतिक रूप में विद्यमान है। नीलगाय आदि जानवर प्रसूति के समय प्रसूता को चारों तरफ से घेरकर सुरक्षित कर देते हैं। प्रसूति कालीन गड़बड़ियों को ठीक करने के लिए बच्चे को पकड़कर खींच भी लेते हैं। बच्चा जब तक दौड़ने नहीं लगता तब तक वे सुरक्षा का घेरा बनाकर ही चलते हैं। इसी तरह हाथी की मृत्यु पर कई दिन तक हाथी उसे घेरे हुए शोकाकुल बने रहते हैं।

मैथुन के सम्बन्ध में भी जंगल का कानून कमोबेश मानव समाज जैसा ही है। मादा जानवर हमेशा बलवान नर की ही चाह करती है जिसके पीछे मैथुन सुख और बलवान प्रसूति की चाहत होती है।

बहुपत्नीक प्रवृत्ति मानव समाज की ही तरह जानवरों में भी है। बहुपत्नीक प्रथा को कानूनन समाप्त कर दिये जाने के बाद भी मानव समाज में यह प्रथा समाप्त नहीं हुई है? और न विवाहेत्तर सम्बन्ध बन्द हो पाये हैं? यदि बलात्कार की घटनाएँ समाप्त नहीं हो पायी हैं इन सब बातों पर यदि हम गौर करें तो कानून व्यवस्था के रहते हुए भी मानव समाज में जंगलों से इतर वातावरण नहीं है।

सम्बन्धों की शुचिता को लें तो हंस/सारस के जोड़े की समता मानव समाज में भी कम ही मिलेगी। स्वामिभक्ति, सहयोग और वफादारी के मूल्यों में जंगल मानव समाज से कम नहीं निकलेगा।

वन्य प्राणियों के बीच काम करने वालों को उनके स्वभाव को समझने की अधिक जरूरत है; न तो डरने की जरूरत है और न ही उनके प्रति अनुदार होने की। उन्हें उनके स्वभाव के लिए आवश्यक वातावरण हर हाल में मिलना चाहिए।

कलावती (शेरनी) की स्थिति गम्भीर है, कहते हुए लाइन एनक्लोजर के परिचर के आने पर दवाइयों के थैले लेकर वैटनरी स्टाफ तेजी से कलावती के पिंजड़े की ओर दौड़ पड़े और पीछे से क्योरेटर और प्राणि उद्यान के निदेशक भी।

बड़प्पन

शहर की सुनसान सड़कों पर संगीनधारी पुलिसकर्मियों की खरखराती लम्बी आवाज सुनकर कुत्ते ऊँची आवाज में रोने लगे थे। रात का पंछी (घुग्घू) बोलने लगा था। अचानक जाग गया बच्चा रोने लगा था। अधसोये कालीचरन की आँखों से नींद गायब हो गयी थी। वह पड़ा-पड़ा सोचने लगा था कि कल चूल्हा कैसे जलेगा? समझदार तो वह भी इतना था कि दो दिन पहले से गर्माए माहौल को देखकर कुछ रोज के लिए खाने-पीने की चीजों की खरीदारी करके रख लेता लेकिन बाजार में वस्तुओं की अचानक मांग बढ़ ज़ाने के कारण कीमतों में बेतहाशा वृद्धि के कारण वह ज्यादा दिन के लिए घरेलू जरूरत की चीजें खरीद पाने के लिए उसके पास पर्याप्त पैसा नहीं था। वह तो दिनभर रिक्शा चलाता था। वापसी में जरूरत की चीजें ले आता था। कर्फ्यू भले ही शहर के एक हिस्से में लगा था लेकिन फिर भी पूरे शहर में लोगों का चलना-फिरना बन्द हो गया था इसलिए रिक्शे का काम भी बन्द हो गया था।

सुबह जब सड़कों पर चहल-पहल दिखी तो उसे मालूम हुआ कर्फ्यू में ढील दी गयी है वह अपना रिक्शा लेकर सड़क पर आया लेकिन पहले की तरह उसके रिक्शे की सवारी के लिए ग्राहक नहीं मिले। ढील का समय खत्म होने के कुछ ही पहले ढेर सारा सामान लिए कोई रिक्शे की तलाश में आया तो कई रिक्शे वाले आ गये और जिस दूरी के लिए वह पाँच रुपये लेता था वे दो-दो रुपये में ले जाने के लिए तैयार हो गये। कालीचरन का रिक्शा ठीक हालत में था इसलिए वह व्यक्ति उसके रिक्शे में बैठ गया।

कालीचरन सोच रहा था कि बाबू को बस स्टैण्ड के पास वाली गली में जाना है। यहाँ खाली बैठे इंतजार करने की बजाय बस स्टैण्ड से कोई सवारी मिल जाएगी तो काम चल जाएगा।

बस स्टैण्ड पर पहुँचकर कालीचरन ने अपना रिक्शा खड़ा कर लिया और हर आने वाली बस में नजरें गढ़ाने लगा। बसों में शहर की सवारियाँ नहीं होती थीं इसलिए वे रूकती भी नहीं थीं। कोई बस अगर धीमी होती थी तो कालीचरन रिक्शा लेकर उधर की ओर लपकता था लेकिन काफी देर के बाद एक बस रुकी जिसमें से एक व्यक्ति उतरा। कालीचरन ने अपना रिक्शा उसके पास लगा दिया। जिला अस्पताल कहकर वह व्यक्ति रिक्शे में बैठ गया। जिला अस्पताल की ओर जाते हुए कई जगह रोका गया परन्तु रिक्शे में बैठे व्यक्ति द्वारा यह बताने पर कि मेरे रिश्तेदार की हालत गम्भीर है, पुलिस वालों ने उसे किसी तरह जिला अस्पताल जाने दिया गया।

अस्पताल में घायलों का इलाज चल रहा था इसलिए कर्फ्यू पास लेकर आने जाने वाले काफी लोग दिखायी दिये। कालीचरन को पहले अस्पताल अच्छा नहीं लगता था क्योंकि वहाँ लोग रोते-चिल्लाते आते थे और उनका रोना-चिल्लाना सुनकर वह दुःखी हो जाता था। भाड़े के पैसों का भाव-ताव भी नहीं करता था लेकिन आज घायलों, बीमारों और उनके तीमारदारों को देखकर उसे इतना अच्छा लगा। इतना अच्छा उसे पहले टाकीज पर भी नहीं लगता था। काम न होने के कारण बढ़ी निराशा अब समाप्त होने लगी थी।

अभी ठीक से पसीना भी नहीं सूखा था कि एक सिपाही मोरचरी तक एक लाश ले चलने के लिए कहने लगा। वह समझ गया था सिपाही पैसे नहीं देगा बल्कि पैसे माँगने पर गालियाँ देगा। इसलिए उसने कहा कि वह किसी वापस जाने वाली सवारी का इंतजार कर रहा है लेकिन जब उसे यह पता चला कि ये लाश किसी रिक्शा चालक की है तो वह अपने कष्ट भूल गया और उस लाश को ले जाने के लिए तैयार हो गया। मोरचरी पर कालीचरण को मालूम हुआ कि जिस लाश को लेकर वह आया है वह उसके बचपन के साथी कमाल की है। दंगाइयों ने उसे इसलिए मार दिया क्योंकि उसने किसी रेहड़ी वाले लायक सिंह को बचाने के लिए अपनी कोठरी में छिपा लिया था।

मोरचरी पर पहुँचकर कालीचरन को लगा कि शहर की सारी भीड़ मोरचरी पर आ गयी है। दंगों के दौरान शहर में मरने वालों का पता उसे यहीं चलता है, उसे लगता है कि कई चेहरों को वह जानता है। एक चेहरा तो उसे एकदम से याद है जो उसे भड़भूजे की दुकान पर दिखायी देता था। कई बार वह उससे चूड़ा लेकर आया था और उसकी दुकान के पास आग पर सीक कबाव और बिरयानी बनाकर बेचने वाला जमालू भी आततायियों की भेंट चढ़ गया था।

यहीं उसे मालूम हुआ कि जमालू दंगाइयों की भीड़ देखकर सरमन भड़भूजे के लाई से भरे बोरों में छिप गया था और दंगाइयों ने जब सरमन से पूछा तो सरमन ने मना कर दिया था, परन्तु तलाशी में जमालू पकड़ा गया तो भड़भूजे वाला सरमन

जमालू को छुड़ाने की मिन्नतें करते-करते चिल्लाने लगा था तभी किसी ने पीछे से एक चाकू सरमन के पेट में घोंप दिया। जमालू और सरमन दंगाइयों का मकसद समझ भी नहीं पाये थे कि सदा-सदा के लिए चले गये।

साथ-साथ पले उनके दुःख-दर्द साथ-साथ चले गये। मरने वालों में कुछ चेहरे ऐसे भी थे जिन पर सीमेण्ट की परतें जमी थीं, शायद पल्लेदार रहे होंगे। इंतजार में खड़े लोगों में अधिकांश चहेरे देखे हुए लग रहे थे लेकिन सही जानकारी नहीं थी, परन्तु इतना अवश्य था वे शहर के मुअज्जिज कहे जाने वाले लोग थे।

कालीचरण यह देखकर हैरान था कि आज अचानक शहर के मुअज्जिज लोग इन गरीबों के मरने पर मोरचरी पर क्यों इकट्ठे हो गये? सामान्य दिनों में किसी गरीब के जनाजे में उसने शहर के लोगों को कभी नहीं देखा था। शायद बड़े लोगों का ये बड़प्पन है लेकिन उसकी जिज्ञासा शान्त नहीं हो रही थी।

भूखा-प्यासा कालीचरन अपनी सारी कठिनाइयों को भूल कर सोचने लगा था कि इस दंगे में जो लोग मरे हैं वे उसकी तरह के दिहाड़ी कमाने वाले हैं; जिन्हें दंगे से कुछ भी लेना-देना नहीं है। ये सब देखकर उसे लगा कि दंगे के दौरान घूमना खतरे से खाली नहीं है। यह सोचते-सोचते उसे आज कुछ न कमा पाने की चिन्ता सताने लगी वह फिर से जिला अस्पताल जाना चाहता था क्योंकि वहाँ लोगों का आना-जाना चालू था।

अस्पताल से सवारी की उम्मीद में वह अस्पताल पहुँच गया और अस्पताल आते ही एक सवारी उसे कैम्प ले चलने के लिए मिल गयी। कालीचरन कैम्प नहीं समझ पाया, इसलिए उसने कैम्प का पता पूछा तो मालूम हुआ कि प्रशासन ने दंगा राहत शिविर लगाए हैं जिनमें एक शिविर शहर के कन्या जूनियर स्कूल में है। ये स्कूल म्युनिसिपल बोर्ड के पास है। कालीचरण ने ये कहकर मना कर दिया कि उधर कर्फ्यू लगा है। इस पर सवारी बताती है कि उसके पास कर्फ्यू पास है। पास देखकर कालीचरन शिविर की ओर चल देता है। उसने देखा कि वहाँ पर लोगों के लिए खाने का प्रबन्ध किया गया है। सुबह से रिक्शा लेकर भटकता कालीचरन भूख से तिलमिला रहा था। अतः रिक्शा किनारे पर खड़ा कर शिविर में शामिल हो गया। शिविर के लोगों के साथ खाना खाया और उनके दुःख-दर्द में सम्मिलित हो गया।

शिविर में एक माँ अपने जवान बेटे को अपनी आँखों के सामने दंगाइयों की गोली से मरते देखकर विक्षिप्त हो गयी थी। एक बच्चा माँ-बाप के मारे जाने के कारण अनाथ हो गया था। कई महिलाएँ विधवा हो गयी थीं। एक बहन अपना भाई खो चुकी थी। एक युवती अपने मंगेतर के मारे जाने के कारण गुमसुम हो गयी थी। एक माँ की गोद से तीन माह का बच्चा छीन कर मार दिया गया था। एक भाई अपने होनहार भाई के मारे जाने के कारण उदास हो गया था। इन सबके चेहरे देखकर कालीचरन अपनी परेशानियाँ भूल गया, उसे यहाँ पूरा शिविर अपना परिवार लगने

लगा। उनके दुख-दर्द उसे अपने लगने लगे। उसका अकेलापन दूर होने लगा। वह सबसे अलग-अलग मिलकर उनकी परेशानियाँ पूछने लगा। शहर के मुअज्जिज कहे जाने वाले लोग यहाँ भी दिखायी दे रहे थे। लोगों से उनके दुःख-दर्द सुनते और व्यवस्था करवाने की बातें कहकर चले जाते थे। उसे लगा शहर में गरीबों के प्रति अच्छी सहानुभूति है। प्रशासन ने शिविर की सुरक्षा के लिए पुलिस लगा रखी थी।

प्रशासन ने सट्टेबाजों और अफवाहें फैलाने वालों से सख्ती से निपटने का ऐलान कर दिया था इसलिए छुटपुट घटनाओं के अलावा शान्ति थी। हँसता, खेलता शहर शान्त हो गया था। बड़े लोग जो कभी अपने घर के नौकर के दुःख-दर्द में शामिल नहीं होते थे वे शहर के अन्य गरीबों के जनाजे में शामिल थे। एक झोंपड़ी में साथ-साथ रहने वाले दो दोस्त मरने पर धर्म के आधार पर बाँट दिये गये थे। रोजमर्रा की चीजों के दाम आसमान छूने लगे थे। बड़े लोगों का मुनाफा बहुत बढ़ गया था। दुकानदारों का घटिया माल भी अच्छे दामों में बिक रहा था। जो मुअज्जिज बड़े लोग कालीचरन को शहर के विभिन्न स्थानों पर मिले थे। उनका बड़प्पन उसकी समझ में आ गया था।

एलबम

एलबम खोलते हुए ओलीवर ने कहा 'यू सी, ही इज जो; माई लवली सन, ही सेण्ट मी ए कार्ड ऑन क्रिसमस' यानी देखो ये मेरा प्यारा बेटा जो है उसने मुझे क्रिसमस कार्ड भेजा है। टेबल से कार्ड उठाकर दिखाते हुए उसने आगे कहा– जब वह एक साल का था उसकी माँ स्वर्ग सिधार गयी थी। मैं माँ और बाप दोनों था। रोजी रोटी के लिए टैक्सी चलाता था। आगे की सीट का आधा हिस्सा मैंने उसके लिए रिजर्व कर रखा था। आगे की बायीं खिड़की तो लगभग परमानेंट बन्द कर रखी थी, गियर लीवर के बायीं ओर खाली जगह में एक बॉक्स रख दिया था जिसमें बदलने के लिए उसके कपड़े और अन्य सामान रख रखे थे। दंउची (झटका) लगने पर गिरने का खतरा खत्म हो गया था लेकिन फिर भी मैं चलते हुए एक आँख उस पर रखता था। वह मुस्करा देता था तो मेरी सारी हताशा और थकान दूर हो जाती थी। जब तक वह पैरों चलने लायक हुआ था तब तक मैंने उसे सारा इंग्लैण्ड घुमा दिया था और लन्दन तो कई बार।

उसकी बर्थडे पर हर बार मैं अपने हाथों से केक बनाता था। पिछली बार अपने जन्म दिन पर वह नहीं आया था। मैंने फिर भी केक बनाया था। उसकी बजाय मैंने ही केक काटकर बच्चों में बाँट दिया था। क्रिसमस पर भी मैंने केक बनाकर उसके लिए रखा था। उसे मेरा बनाया हुआ केक बहुत पसंद है। उसने अपनी महिला मित्र जैनी को भी बताया कि मैं बहुत अच्छा केक बनाता हूँ। जैनी जब यहाँ आएगी तो मैं जैनी को भी सिखा दूँगा ताकि बाद में जैनी भी उसकी मनपसंद केक बना सके।

ओलीवर की बातें सुन रही कैमिला को अपना बचपन याद आ गया। वह पिता के जज्बातों को अच्छी तरह जानती थी। बचपन में वह भी पिता की ही गोद में पली थी जब उसकी माँ एक लम्बी बीमारी के बाद चल बसी थी और पिता सारा काम छोड़कर उसके साथ खेलते थे। उसका मनपसंद खाना बनाते थे, सुबह उसको तैयार

कर स्कूल ले जाते थे। शाम को परियों की कहानियाँ सुनाते थे। उनका सारा जीवन जैसे उसके लिए ही था। आज पिता की वह गोद नहीं है वरना वह नन्ही कैमिला बनकर उनकी गोद में जा बैठती।

ओलीवर ने आज जो केक उसे खिलाया था, कुछ-कुछ वैसा ही केक उसके पिता भी बनाते थे, कई दिन पहले से क्रिसमस केक और सजावट का सामान इकट्ठा करने लगते थे। उसे पाक कला (कुकिंग) में वह अपने सारे गुर सिखाना चाहते थे ताकि वह एक अच्छी कुक बन सके और कभी जब वह (पिता) काम पर हों तो वह भूखी न रहे।

अपने पिता और बचपन की यादों में खोयी कैमिला भूल गयी थी कि वह एक आधी शताब्दी पार कर चुकी है। उसके चेहरे पर आयी झुर्रियाँ उसके अनुभव के वर्ष गिनाती हैं। वह समझ गयी थी कि ओलीवर भले ही अपने बेटे की छोटी-छोटी चीजें गिनाकर खुशी का इजहार कर रहा है लेकिन उसके अन्दर का अकेलापन उसको आज विहृवल कर रहा है। क्रिसमस और बर्थडे पर उसके बेटे का न आना उसे कहीं कचोट रहा है फिर भी वह बेटे के प्रति अपने लाड़-प्यार पर अन्य किसी भाव को हावी नहीं होने देता। केमिला उसके बेटे द्वारा की जा रही उपेक्षाओं को पूरी युवा पीढ़ी की उम्र का दोष कहकर उसके बेटे ज़ो के दोष को यह कहकर छिपाने लगती है कि अभी उसकी उम्र खेलने-खाने और खुशियाँ मनाने की है। यौवन का उन्माद तो वैसे भी सारे रिश्ते-नाते भुलाकर अपने प्यार में केन्द्रित हो जाता है। अपनी अपेक्षाओं के आगे उसे किसी की भी अपेक्षाएँ समझ में नहीं आतीं।

ओलीवर कहने लगा– जैनी के बर्थडे पर मेरा बेटा ज़ो जितना उत्साहित था उतना पिता के साथ क्रिसमस मनाने में कभी नहीं रहा।

जैनी उसकी प्रेयसी है इसलिए उसका भविष्य है– केमिला ने कहा, प्रेयसी और पिता की अपेक्षाओं के बीच सामंजस्य बैठाने की बजाय वह प्रेयसी के साथ जन्म दिन मनाने चला गया। उसे मालूम था कि पिता से तो वह सॉरी कहकर क्षमा माँग सकता है लेकिन प्रेयसी के साथ इस मौके पर न होना उसके लिए समस्या बन सकती है। आखिर वह किसके साथ डांस करती? और फिर एक क्रिसमस पर उसके न होने से कोई पहाड़ तो नहीं टूट पड़ेगा।

एक लम्बी साँस लेते हुए ओलिवर बोला–जैनी की तरफ उसका जीवन है। मेरी तरफ उसका अतीत है। अतीत से भविष्य की ओर का प्रस्थान। मेरा भविष्य ज़ो है इसलिए मेरी अपेक्षाएँ उसके साथ हैं। मैं अपनी अपेक्षाओं को अपने अनुभव से संतुलित कर सकता हूँ। उसकी अपेक्षाएँ यौवन की अपेक्षाएँ हैं जो किसी भी सीमा से सीमित नहीं होतीं। उनमें अपार शक्ति होती है। यौवन के ज्वार में रिश्ते-नातों की गरमाहट ठण्डी पड़ जाती है। हर पिता की अपेक्षाएँ मेरी तरह ही होती हैं और हर पुत्र की उपेक्षाएँ ज़ो की तरह ही होती हैं। किसे दोषी कहें? शायद यही जनरेशन गैप है।

ये आप नहीं आपका अतिशय प्यार बोल रहा है, ओलीवर! कैमिला ने कहा– इसीलिए आप उसकी हर उपेक्षा का अकाट्य उत्तर स्वयं दे रहे हैं। तुम्हारे पुत्र प्रेम की ऊष्मा इतनी अधिक है कि उसकी उपेक्षाएँ अपनी पर्त नहीं बना पातीं और उनका उचित समाधान ढूँढ़ लेती हैं। सच ही है कि जिसे प्यार करो उसे उसकी अच्छाइयों और बुराइयों के साथ करो, वरना अपेक्षाओं का कभी सामंजस्य नहीं हो पाएगा। ठीक ही कहा है किसी शायर ने कि कुछ तो रही होंगी मजबूरियाँ वरना यों ही कोई बेवफा नहीं होता।

बालकनी में अकेले ही बैठकर धूप सेंकती कैमिला को जब ओलीवर ने चाय पर बुलाया था तो हिचक हो रही थी लेकिन उसे ओलीवर में अपनी जनरेशन का ऐसा दोस्त मिल गया जो प्यार के प्रति सम्पूर्ण नजरिये वाला था। ओलीवर के बुलावे पर जाने में उसे अच्छा लगा था। उसके अन्दर का अकेलापन खत्म हो गया और बालकनी की कैद तोड़कर ओलीवर के बृहद् संसार की ओर बढ़ गया था।

सुबह की सैर के बाद आज कैमिला ने धूप सेंकते हुए चाय की चुस्की और जमाने भर की बातें करने के लिए ओलीवर को अपने घर बुलाया तो ओलीवर को लगा जैसे उसकी पत्नी लिण्डा की आत्मा कैमिला में प्रवेश कर गयी हो और उसकी हताशा दूर करने के लिए उसने उसे चाय पर बुलाया हो। लिण्डा से प्रथम मुलाकात का ख्याल आते ही वह उछलने लगा। एक-एक सीढ़ी चढ़ने वाला ओलीवर दो-दो स्टेप एक साथ चढ़ने लगा और कैमिला का हाथ पकड़कर 'कम ऑन फास्ट' कहने लगा।

घने कोहरे को फाड़कर सूर्य की किरणें तेजी से चमकने लगी थीं, घर में घुसते ही ओलीवर और कैमिला ने कोट उतार दिये। कैमिला किचन में चाय बनाने लगी, ओलीवर कुर्सियाँ उठाकर बालकनी की तरफ बढ़ रहा था कि उसे ज़ो और जैनी वापस जाते दिखे।

ज़ो, ज़ो कहकर ओलीवर चिल्लाने लगा। ज़ो रुका, चारों तरफ देखकर फिर चलने लगा। ओलीवर फिर चिल्लाया। ओलीवर को ऊपर बालकनी में देखकर ज़ो डैड कहते हुए दौड़कर ऊपर आ गया, उसके पीछे-पीछे जैनी भी।

'आई मिस्ड यू डैड' ज़ो ने कहा 'विलेटेड हैप्पी बर्थडे टू यू' जैनी कहते हुए कैमिला किचन से निकली तो 'मैनी-मैनी रिटर्न्स ऑफ द डे मम' कहती हुई मैरी को देखकर जैनी, ज़ो और ओलीवर भी कैमिला को 'हैप्पी बर्थडे टू यू' और 'मैनी-मैनी रिटर्न्स ऑफ द डे' कहने लगे। मैरी द्वारा लाया गया केक कैमिला को ओलीवर ने और कैमिला ने ओलीवर को अपने हाथों से खिलाया तो जैनी, ज़ो, मैरी एवं विलियम ने हैप्पी बर्थडे टू यू का गीत गाते हुए डांस करना शुरू कर दिया। देखते ही देखते कैमिला और ओलीवर एक-दूसरे की बाँहों में बाँहें डालकर डांस करने लगे।

सोने का अस्थिकलश

दिल्ली एयरपोर्ट पर उतरते ही एक यात्री मुँह के बल जमीन पर लेट गया तो विमान के सहयात्री कर्मचारी और एयरपोर्ट अथॉरिटी के अधिकारी उसकी ओर ये सोचकर दौड़ पड़े कि शायद चक्कर आ गया है। फर्स्ट एड का बैग लेकर एयर हॉस्टेस भी आ गयी लेकिन लोग उसे उठाते इसके पहले ही वह उठ गया और फिर नम आँखों में धरती के पैर छूते हुए कहने लगा ये मेरे दादा माई की माँ है। इसी ने जन्म दिया था मेरे दादा माई को। इसी माँ के दर्शनों की इच्छा लिए विदा हो गये मेरे दादा माई।

मेरी धरती पर अब वसन्त ऋतु होगी, फूल खिल गये होंगे, मेरे घर में लगा नीम का पेड़ हरे-हरे पत्तों से भर गया होगा। गाँव के किनारे आम के बाग में बौर की खुशबू से मस्त कोयल सुरीली आवाज में कू कू गाने लगी होगी। गाँव के बच्चे उसकी कू कू की आवाज के साथ कू कू करने लगे होंगे। कनेर, गुलाब और गेंदे के फूल खिलकर अपनी खुशबू बिखेर रहे होंगे। मटर की फलियाँ खाने के लालच में बच्चे रखवालों की हाँ में हाँ मिलाने लगे होंगे। होली का हुड़दंग होना शुरू हो गया होगा। अन्नाहे (गाँव की एक परम्परा जिसमें साल भर के अन्दर किसी परिवार में कोई मौत हुई होती है, उस घर पर ऊँची आवाज में ढोल, तासे के साथ फगुवा गाने की परम्परा) उठ रहे होंगे और कभी बरसात में मिट्टी की सुगंध उठने लगी होगी। नदी-नाले, ताल-तलैया सब भर गये होंगे, ताल में जलमंजनी फैल गयी होगी, सिंगाड़े की बेल लगा दी गई होगी, मछलियों के छोटे-छोटे बच्चे ताल में छु छू बिलइयाँ खेलने लगे होंगे।

बरसात जब खत्म होने का समय आता तो कहते अब आकाश साफ हो गया होगा। रात को तारों की छटा देखते बनती होगी। कांस फूल गये होंगे और रबी की फसल बोने के लिए खेतों में भोर से ही जुताई के लिए किसान निकलने लगे होंगे, नमी न उड़ने पाये इसलिए जुते खेत में पाटा लगाते समय पाटा पर बैठकर आनन्द लेने के लिए बच्चे माँ के साथ पिता को कलेवा लेकर जाने लगे होंगे। बरसात में

खराब हो गयी दीवारों पर पुताई होने लगी होगी, पितृ-पक्ष में पितरों की पूजा और चिड़ियों को भोज कराया जा रहा होगा, करवा-चौथ की तैयारी में महिलाएँ लग गयी होंगी। झेंझी और टेसू (शादियों में मुहूर्त प्रारम्भ करने के लिए टेसू और झेंझी मिट्टी के पुतले बनाकर उनकी शादी कराने की परम्परा) के विवाह के लिए बच्चे घर-घर जाकर चन्दा इकट्ठा करने लगे होंगे।

सारे गाँव में खुशी और आनन्द का वातावरण होगा। पास वाले कस्बा कुसमरा में तो रामलीला होने लगी होगी और राम बारात वाले दिन बड़ा मजा आया होगा। बच्चे रामलीला के लिए माँ-बाप से जिद्द करते होंगे। सनई (जूट) के खेतों में फूल आ गये होंगे। सनई के फूलों की भाजी का स्वाद निराला होता था। दीपावली का समय आने पर वे कहते थे अब तो खुशियों की बहार आ गयी होगी। बच्चे पटाखे चला रहे होंगे। दीपकों की पंक्तियाँ अंधकार को भगा रही होंगी। छोटे-छोटे बच्चे दीपकों को खेल के लिए उठाने लगे होंगे।

जब सर्दी का समय आता तो कहते थे अब बूढ़ों ने अलाव जला लिया होगा। सारे गाँव के लोग अलाव से तापते हुए एक-दूसरे के हाल-चाल लेते हुए अपने घरों को जाते होंगे। मेरे और मंगरू के घर वाले अभी भी आने की प्रतीक्षा करते होंगे। गन्ने की पिराई शुरू हो गयी होगी। गन्ने के पाते जलाकर भट्ठी जलायी गयी होगी। गुड़ बन रहा होगा। ताजे गुड़ की खुशबू गाँव के बच्चों को आकर्षित कर रही होगी इत्यादि बातें करके वह अपने देश की याद करते थे। ये वही पावन धरती है जो मेरे दादा-दादी की साँसों में बसी थी। इसलिए आज मैं उससे लिपटकर उसे बताना चाहता हूँ कि मेरे दादा-माई उसे कितना मिस करते थे। मृगमरीचिका भले ही उन्हें सात समुद्र पार ले गयी हो परन्तु गरीबी की हालत में भी वह तेरे आँचल की छाँव कितने खुश थे।

वह तुझे छोड़कर कभी न जाते अगर गाँव के मुखिया ने उन्हें अपने कमीशन की खातिर गोरों के कमीशन एजेण्ट की झूठी और लालच भरी बातों में यह कहकर न फ़ँसाया होता– 'अब तुम्हारे सब दलिद्दर दूर हो जाएँगे। सोने से लदे रहोगे, सरकार की सोने की खान में मजदूरों की जरूरत है। कमाई अच्छी है, कुछ दिन की कमाई में बैठे-बैठे खाओगे। आगे आने वाली पीढ़ियाँ तक मौज करेंगी। भविष्य के सुनहरे सपने किसे नहीं लुभाते उन्हीं सपनों ने उन्हें मजबूर कर दिया अंग्रेजी में छपे एग्रीमेंट पर अँगूठा लगाने को और वे भी शामिल हो गये उन गिरमिटिया मजदूरों की जमात में जिन्हें अपने देश धरती की याद हमेशा सताती रही। वे गाँव के पास की हाट से ज्यादा दूर कभी नहीं गये थे। दुनिया कितनी बड़ी है उन्हें अन्दाजा नहीं था। पानी के जहाज में बैठे तो लगातार महीनों चलते रहे और कहीं अन्त नहीं। ऋतुएँ बदल गयीं। मगर उन्हें किनारा नहीं मिला। कितनी ही बार उनका जहाज तूफान में पलटते- पलटते बचा। कितनी ही बार समुद्र की लहरों में डगमगाया, कितनी ही बार डर के मारे लोगों की घिग्घी बँध गयी।

पानी के जहाज में लगातार हिलने-डुलने से कितने ही लोग बीमार हो गये थे। कितने ही बीमारी के बाद ठीक नहीं हुए जहाज में मरने वालों को कितनी बेरहमी से समुद्र में फेंक दिया गया था। मरते समय बेचारों को अपनी मिट्टी भी नहीं मिली। कितने ही लोगों ने घर वालों को याद करते-करते दम तोड़ा था। कोई उनके आर्तनाद को सुनने वाला नहीं था।

जहाज के यात्रियों में जावा, चीन, अफ्रीका और भारत के लोग थे। वे एक-दूसरे की भाषा नहीं समझते थे इसलिए अपने दुःख-दर्द भी आपस में बाँट नहीं पाते थे। कई महीने की घुटन झेलते हुए जब लालारुख जहाज सूरीनाम नदी के बन्दरगाह पर पहुँचा था तो फटी-फटी नजरों से सब एक-दूसरे में अपने क्षेत्र और पहचान के चेहरे खोज रहे थे। नियति का इतना क्रूर रुख उन्होंने कभी देखा नहीं था।

धरती तो मिल गयी लेकिन सोने से लदने के स्वर्णिम सपने दूर-दूर तक नजर नहीं आ रहे थे। जहाँ अपनी आबवो-हवा नहीं, अपने लोग नहीं वहाँ सोने का क्या करना, लेकिन सोने की खातिर आये जरूर थे यही मृगमरीचिका उन्हें अपनी धरती से हजारों कोस की दूरी पर ले आयी थी। सोने के तथाकथित पत्थर तो नहीं मिले लेकिन यहाँ पहुँचकर उन्होंने वीरान पड़ी भूमि को उपजाऊ बना दिया और इस प्रकार जिस पत्थर को उन्होंने छुआ वह उनके श्वेद बिन्दुओं के स्पर्श से सोना बन गया।

यहाँ भूमि के टुकड़े के लिए वे तरसते थे वहाँ भूमि उनकी सामर्थ्य पर थी। अनन्त सागर के बाद अनन्त जंगल में पहुँचकर न जाने किस-किस तरह के जानवरों से जूझना पड़ा होगा उन्हें; लेकिन जिजीविषा ने कभी हार नहीं मानी जंगलों को खेत बनाकर उन्होंने फसलें पैदा कीं।

खानों में खुदाई करके खनिज ढूँढे, मकान बनाये, खुद जीवन भर लगे रहे मगर विरासत में पारस मणियाँ हमें दे गये। अपनी हड्डियों को गंगा में प्रवाहित कराने के लिए वे 'अन्तिम इच्छा के रूप में कभी कह नहीं पाये' लेकिन गंगा में हड्डियों की अक्सर बातें करते रहे। सोने से लदकर वे स्वयं तो नहीं आ पाये लेकिन उनकी अस्थियों का स्वर्ण कलश पिता जी ने गंगा में बहाने के लिए रख रखा था। मर कर भी वे पुनर्जन्म के लिए भारत की ही कल्पना करते रहे। गंगा में प्रवाहित करने के लिए ही पिता ने उनकी हड्डियों का अस्थि कलश अभी तक सुरक्षित रख रखा था। पिताजी यदि जिन्दा रहते तो स्वयं उनकी हड्डियाँ लेकर आते, परन्तु उनके बाद मैं यह उत्तरदायित्व निभाने आया हूँ।

रनवे से एयरपोर्ट के आगमन हाल में पहुँचाने के लिए बस आ चुकी थी। कुछ ही क्षणों में पहुँचकर आगमन काउण्टर पहुँचकर पासपोर्ट वीजा आदि दिखाकर बाहर निकला तो लगेज बैल्ट पर उसका सूटकेस का आ गया था। ट्रॉली पर सामान रखे हरिद्वार जाने के लिए टैक्सी कहाँ से मिलेगी? पूछता हुआ ये सूरनामी व्यक्ति प्री-पेड टैक्सी बूथ की ओर बढ़ गया।

हसिये की मूँठ

नारी निकेतन में गणतंत्र दिवस की तैयारी जोरशोर से चल रही थी। महिला बन्दियों को तिरंगे झण्डे, बैनर आदि की सिलाई आदि के लिए बुलाया गया था। सिलाई टीचर उनकी मदद कर रही थी। इस अवसर पर जेल अधीक्षक शुभदास अपनी पत्नी श्रीमती नन्दिनी के साथ निरीक्षण करने पहुँचा। सभी बन्दी महिलायें अपने-अपने कार्य में लगी हुई थीं। सिलाई टीचर, मिसेज दास व बन्दी अधीक्षिका बातें कर रही थीं। बीच-बीच में सिलाई करने में असुविधा होने पर सिलाई टीचर उन्हें बताती जा रही थीं। कई बन्दी महिलायें बार-बार एक बात को पूछने आती थीं। मैडम, ये कैसे होगा? यह गलत हो गया, आप बता दो आदि। कोने में उन्नीस-बीस साल की लड़की चुपचाप अपना कार्य कर रही थी। चेहरे पर चमक, आँखों में नमी, आवाज में मधुरता, साँवला रंग, तीखे नाक-नक्श। मिसेज दास की निगाह बार-बार उसी पर पहुँच जाती थी। यकायक तेज आवाज आई जैसे कोई चीज गिरी हो और फिर—'हाय लग गयी'। वह साँवली सलौनी लड़की भागती हुई मिसेज दास के पास घबराई हुई आई, बोली— उन बूढ़ी माँ को बचा लीजिए, काफी खून निकल बह गया है, मशीन पैर पर गिर गई। खून ही खून फर्श पर हो गया है। आँखों में आँसू लिए वह लड़की जल्दी-जल्दी उस बूढ़ी माँ को सँभालने में लग गयी। फर्स्ट एड के लिए बंदी अधीक्षिका ने उसे जेल अस्पताल भेज दिया। बाकी सभी महिलायें कार्य में लग गयीं।

मिसेज दास ने सिलाई टीचर से पूछा—ये लड़की जो घबराई रोती हुई सी आयी थी, वह कौन है? उसको किस अपराध की सजा मिली है? अधीक्षिका ने उन्हें बताया—इसका नाम शालिनी है। तीन सौ दो में सजा काट रही है। इसने एक ठाकुर का खून कर दिया था। मिसेज दास बीच में ही बोल पड़ीं— ये लड़की हत्यारिन नहीं हो सकती। जो जरा-सा खून देखकर रो पड़ी। एक अनजान वृद्ध महिला के लिए

इतना दया भाव कि उसे गोद में लिटाकर सेवाशुश्रूषा कर रही थी। उसको देखकर कही से भी नहीं लगता कि ये लड़की हत्या कर सकती है। जरूर उसको फँसाया गया होगा। मेरी साइकोलॉजी कहती है कि यह लड़की निर्दोष है। बन्दी अधीक्षिका बोली– कुछ लोग देखने में सीधे-सरल होते हैं पर अन्दर से उतने ही काले-कपटी होते हैं। सिलाई टीचर ने बताया कि इन लोगों का लंच हो गया है मैडम, अब ये वापस जाएँगी।

मिसेज दास अपने घर तो आ गयीं परन्तु शालिनी की तस्वीर उनके सामने बार-बार आ जाती थी। रात भी करवटें बदलते बीत गयी। पता नहीं कब आँख लग गयी। सुबह मिस्टर दास ने कहा– आज लगता है कि उठने का इरादा नहीं है भई, चाय वाय मिलेगी या नहीं? तभी मिसेज दास उठती हैं और दोनों के लिए चाय बनाकर लॉन में लाती हैं। मिस्टर दास चाय की चुस्की लेते हुए बोले– आज तुम्हारा चेहरा थका-थका सा लग रहा है, लगता है कि तबीयत ठीक नहीं है? मिसेज दास बोलीं– नहीं तो, नींद नहीं आई। क्या बात, कोई टेंशन है? मिस्टर दास ने पूछा।

मिसेज दास बोलीं- कभी-कभी कुछ बातें भुलाये नहीं भूलतीं। कभी-कभी किसी से एक बार मिलने पर बार-बार मिलने का मन करता है। उससे बात करने का मन करता है। मिस्टर दास हँसते हुए बोले– क्या बात है, बड़ी इमोशनल लग रही हो, लगता है किसी पर दिल आ गया है? मिसेज दास बोलीं– आपको हर समय मजाक सूझता है परन्तु मैं वाकई परेशान हूँ। कल मेरे सामने ऐसी घटना घटी जिसे मैं भूल नहीं पा रही हूँ। शालिनी के बारे में बताती हुई कहने लगी– कहीं से भी वह हत्यारिन नहीं लगती, क्या आप उसको सजा से बचा सकते हैं?

मिस्टर दास बोले- उसका व्यवहार, कार्यकुशलता, आचार-विचार वाकई सबसे अलग हैं। मुझे भी अहसास होता है कि वह गलत नहीं है। वह शान्त समुद्र की तरह गम्भीर है। कुछ भी बताने को तैयार नहीं है। उससे जितनी बात पूछो उतना ही जवाब देती है। पुरानी बातों को बड़ी कुशलता से टाल जाती है। तभी मिस्टर दास की नजर घड़ी पर जाती है और बोले– लो तुम्हारी बातों में मुझे देर हो गयी। वे उठकर बाथरूम में चले गये। मिसेज दास उनका नाश्ता तैयार करने किचन में चली गयीं।

दिन में अकेली होने के कारण मिसेज दास का मन फिर वहीं पहुँच गया। वह शालिनी के बारे में सोच ही रही थी कि बंदी अधीक्षिका उन्हें गणतंत्र दिवस की तैयारी में दिशा निर्देश के लिए लेने आ गयी। गणतंत्र दिवस के कार्यक्रम का संयोजन नये डिप्टी जेलर सलिल जो तीन महीने पहले ही नियुक्त होकर आये थे, कर रहे थे। मिसेज दास ने शालिनी को सम्मानित करने हेतु सलिल से कहा। इस पर सलिल ने शालिनी के बारे में पूरी जानकारी ली। सलिल बहुत ही अच्छा, समझदार और नई सोच का लड़का है। शायद कुछ हैल्प कर सके, सोचती हुई मिसेज

दास ने सलिल को उसे बुलाने के लिए कहा। मिसेज दास ने उसके सामने पूरी घटना रिपीट की और कहा कि मैं उससे सच उगलवाना चाहती हूँ ताकि हमारी सामाजिक नारी उत्थान समिति उसकी सहायता कर सके।

मिसेज दास अपने पति का इंतजार कर रही थीं, तभी दरवाजे पर घण्टी बजी और दो महिलायें अन्दर आयीं। मिसेज दास को शालिनी ने पहचान लिया था उसने झुककर नमस्ते की। बन्दी अधीक्षिका ने मिसेज दास से बड़े नम्र भाव से कहा– शालिनी बहुत अच्छा गा सकती है परन्तु आपको रियाज में उसकी मदद करनी पड़ेगी। मिसेज दास ने उसको बैठाया और पूछने लगीं– कहाँ तक पढ़ी हो?

हाई स्कूल– शालिनी ने कहा।

गाना बजाना जानती हो, सिलाई तो मैंने कल तुम्हारी देखी, तुम तो बहुत अच्छा सिलती हो, क्या कहीं कोई डिप्लोमा किया है। शालिनी ने धीरे से सिर हिलाकर न कहा- माँ ने सिखाया और नाचना गाना भी माँ थोड़ा बहुत सिखाती रहती थी। मिसेज दास बोलीं– तुम्हारी माँ तो बहुत होशियार है जो तुम्हें सब कुछ सिखाती रही, लड़कियों को घर-गृहस्थी की सभी चीजें सीखनी चाहिए।

तुम्हारे पापा क्या करते हैं? पापा नहीं हैं–शालिनी ने कहा। उनका स्वर्गवास दस साल पहले ही हो गया था। बस मेरे परिवार में जो कुछ है मेरी माँ हैं जो कपड़ों की सिलाई करके मेरी पढ़ाई-लिखाई और घर का खर्च चलाती थी, कहकर शालिनी चुप हो गयी।

शालिनी को गम्भीर देखकर उन्होंने टॉपिक बदल दिया और बोलीं– गाना लोक गीत गाती हो या फिल्मी।

शालिनी ने बताया–भजन

मिसेज दास ने कहा– गाकर सुना सकती हो।

शालिनी शरमा गयी, बार-बार आग्रह पर शालिनी ने गुनगुनाया।

और फिर गाते-गाते रुक गयी। मिसेज दास समझ गयीं कि कुछ गाने की रियाज की जरूरत है। वे बोलीं–तुम रोजाना शाम को चार बजे मेरे पास गाना गाने की रियाज करने आया करो। तुम्हें गणतंत्र दिवस के सांस्कृतिक कार्यक्रम में गाना गाना है। तुम बहुत अच्छा गा सकती हो। दरवाजे पर घण्टी बजी और फिर मिस्टर दास घर में दाखिल हुए। अगले दिन फिर आने के लिए कहकर जेल अधीक्षिका और शालिनी चली गयीं।

मिसेज दास सोचने लगीं जो इतना अच्छा गाना गा सकती है, सिलाई आदि गृहस्थी के सभी कार्य कर सकती है, शिष्टाचारी है, जरा सा खून देखकर घबरा जाती है इसलिए वह क्रिमनल नहीं हो सकती। सोचने लगीं–रोज आएगी तो धीरे-धीरे घुलमिल जाएगी, एक दिन खुलकर बता भी देगी।

शालिनी रोजाना रिहर्सल के लिए आने लगी। एक दिन अचानक उसके मुँह

से निकल गया– दीदी, ये लाइन मुझसे हारमोनियम पर सही नहीं निकल पा रही, आप बता दीजिए। मिसेज दास ने उसको सही समझाते हुए कहा–शालिनी आज तुमने मुझे दीदी कहा है। तुम्हारे मुँह से अच्छा लगा। तुम आज से मेरी छोटी बहिन हो। हो ना?

शालिनी ने हाँ में गर्दन हिला दी।

मिसेज दास ने मौका सही देखते हुए तपाक से कहा– तुम तो एक स्वाभिमानी, सुशील, संस्कार वाली लड़की हो, तुम हत्या जैसा काम नहीं कर सकतीं।

शालिनी की आँखों में आँसू आ गये उसने रोते हुए कहा– गरीबों के पास धन-दौलत तो होती नहीं, केवल इज्जत होती है इसीलिए वे इज्जत के लिए मर मिटने को तैयार हो जाते हैं। मैं भी उन्हीं में से एक हूँ। मेरी माँ सिलाई करके खर्चा चलाती थी जैसे-तैसे हम दोनों अपनी गुजर कर रहे थे। गाँव के ठाकुर जो दबंग थे उन्हें मंजूर नहीं था कि गरीब और बेवा औरत उनकी नौकरी बजाने न जाए ठाकुर का छोटा शराबी बेटा कभी घर में आकर गाली दे जाता था, कभी शराब पीकर मोहल्ले वालों के सामने उल्टा-सीधा बोलता था। बेवश मेरी माँ शान्त रहकर दरवाजा बन्द कर लेती और कुछ न कहती। एक दिन रात को बारह बजे किसी के कूदने की आवाज सुनाई दी, देखा तो ठाकुर का छोटा बेटा शराब के नशे में मेरी माँ के पास आकर माँ को हथियार की नोक पर कमरे में खींचकर जबरदस्ती कपड़े उतरवा रहा था। डरी हुई माँ कुछ नहीं कर पा रही थी। उसे डर था कि कहीं मेरी तरफ ठाकुर की निगाह न चली जाए माँ बचाव कर ही रही थी कि मेरे हाथ में हसिया आ गयी। बचाव के लिए हसिया तानकर मैंने चिल्लाना शुरू किया तो वह भागा और दरवाजे/किवाड़ में लगी कील जो ऊपर की ओर टेढ़ी थी, उसके गले में फँस गयी। कील गले में लगकर घुस गयी थी जिससे उसकी मौत हो गयी। माँ को बचाते हुए मैं हत्यारिन बन गयी– कहते हुए वह बिलख-बिलख कर रोने लगी।

हसिये में मूठ नहीं थी इसलिए वह भी एक तरफ (लकड़ी की मूँठ में गढ़ने वाला हिस्सा) कील जैसा था। शोर सुनकर मोहल्ले के लोग आ गये। पुलिस को सूचना दे दी गयी थी। पुलिस ने बिना मूँठ वाला वह हसिया सील करके अपने कब्जे में ले लिया था जिस पर मेरी उँगलियों के निशान थे। वे पैसे वाले लोग हैं। दुनिया खरीद सकते हैं। हम गरीबों का कोई नहीं है। मेरी माँ तो वैसे ही आधी अधूरी थी। पैसा पास नहीं जो अच्छा वकील करके मुझे छुड़वा सके। मैं तो जिन्दा लाश बन गयी। बलात्कारी से माँ को बचाना अगर गुनाह है तो मैंने किया है, कहते-कहते शालिनी शान्त हो गयी। अब तो जेल की सलाखें हैं जहाँ पूरी जिन्दगी बितानी है।

शालिनी तुम्हारी जिन्दगी में रोशनी की किरन आज से फैलनी शुरू हो गयी है। तुमने मुझे आज अपनी व्यथा बताई है। मैं तुम्हें न्याय दिलवाकर रहूँगी। इस

जंग में तुम अकेली नहीं हो। बाहर बंदी अधीक्षिका शालिनी को लेने आ चुकी थी। अतः मिसेज दास ने अगले दिन फिर आने के लिए कहकर शालिनी को बंदी अधीक्षिका के साथ पुनः बैरक में वापस भेज दिया।

मिसेज दास ने अपने पति को शालिनी का सारा केस बताया। मिस्टर दास ने समाज कल्याण विभाग के निःशुल्क कानूनी सलाह प्रकोष्ठ के वकील को पूरे प्रकरण की जानकारी देते हुए मदद के लिए कहा। सलिल उसके पिता भी शालिनी की व्यथा से परिचित हो चुके थे। शालिनी के केस की एक फाइल तैयार करके अपील की कार्यवाही की गयी। उच्च न्यायालय में बिना मूँठ वाले हसिये और किवाड़ की कील को लेकर बहस हुई और अन्ततः न्यायालय ने शालिनी को बेकसूर मानते हुए रिहा कर दिया।

रिहाई के समय मिसेज दास ने शालिनी की माँ को भी बुलवा लिया था। माँ-बेटी को सबने प्यार से विदा किया। मिसेज दास ने चलते समय शालिनी से कहा- तुम गाँव की बजाय शहर में पढ़ाई भी कर सकती हो और नौकरी भी। तुम्हारी माँ कपड़े सिलने का कार्य कर सकती हैं। शालिनी समझ गयी। किराये का कमरा लेकर माँ-बेटी रहने लगीं। बीच-बीच में शालिनी, सलिल और मिसेज दास के घर आती रही। पता नहीं कब सलिल और शालिनी में प्यार की पेंगें बढ़ने लगीं। सलिल ने मिसेज दास के माध्यम से शालिनी को अपने प्यार का इजहार भी कर दिया। शालिनी को क्या मालूम कि जेल में कैद रखने वाला भी उसके प्यार की जेल में कैद हो जाएगा।